《中卫文物藏珍——中卫市第一次全国可移动文物普查成果》编委会

中卫文物藏珍

ZHONGWEI WENWU CANGZHEN

ZHONGWEI SHI DIYICI QUANGUO
KE YIDONG WENWU PUCHA CHENGGUO

中卫市第一次全国可移动文物普查成果

中 卫 市 博 物 馆
中卫市文物管理所 编

黄河出版传媒集团
宁夏人民出版社

图书在版编目（CIP）数据

中卫文物藏珍：中卫市第一次全国可移动文物普查
成果 / 中卫市博物馆，中卫市文物管理所编. -- 银川：
宁夏人民出版社，2022.12
　　ISBN 978-7-227-07781-7

　　Ⅰ. ①中… Ⅱ. ①中… ②中… Ⅲ. ①文物 – 普查 –
概况 – 中卫 Ⅳ. ① K872.433

中国国家版本馆 CIP 数据核字（2023）第 016652 号

中卫文物藏珍
——中卫市第一次全国可移动文物普查成果

中 卫 市 博 物 馆　编
中 卫 市 文 物 管 理 所

责任编辑　管世献
责任校对　闫金萍
封面设计　姚欣迪
责任印制　侯　俊

 黄河出版传媒集团
宁夏人民出版社 出版发行

出 版 人　薛文斌
地　　址　宁夏银川市北京东路 139 号出版大厦（750001）
网　　址　http://www.yrpubm.com
网上书店　http://www.hh-book.com
电子信箱　nxrmcbs@126.com
邮购电话　0951-5052104　5052106
经　　销　全国新华书店
印刷装订　宁夏凤鸣彩印广告有限公司
印刷委托书号　（宁）0027442

开本　889 mm×1194 mm　1/16
印张　17.5
字数　360 千字
版次　2023 年 10 月第 1 版
印次　2023 年 10 月第 1 次印刷
书号　ISBN 978-7-227-07781-7
定价　88.00 元

序

中卫市委常委、宣传部部长　高鹏

　　一条大河就是一部史诗，一首颂歌。中卫地区地处黄河上游，得益于母亲河的馈赠，在洪荒时代，就有着品类丰富的自然资源，成为具有孕育中华不可或缺的基地。一碗泉、芨芨湖、长流水、孟家湾等诸多石器时代遗址的不断发现，也确实证明早在蒙昧初开的遥远岁月，人类先祖就在这片土地上踩下过凌乱驳杂、深浅不一的足迹。而古城子古战场、张台子匈奴墓、照壁山铜矿、下河沿瓦窑等秦汉时代遗址，以及在时间上离我们越来越近、数量也越来越多的唐宋元明清时代遗址，也都说明中华文明的出现、形成、积淀以及递延传承从不曾在这里中断过。

　　那些先后从各个遗址中出土的石斧、陶罐、玉坠、铜镜、瓷碗等种类不一而足的器具，数千年静默在大麦地、黄羊湾、石马湾石头上的岩画，还有见证过金戈铁马的古堡、城墙、烽火台，收纳过人间美好愿望的寺院、庙堂，以及黄河两岸用来镇水镇沙的各种风格宝塔，都因凝聚了历史，经历了沧桑，而演变为一种文化符号和精神象征。我们固然很难靠它们还原出当年的具体场景和细微情节，但它们斑驳残损的形象载体上，都不同程度地携带着所在时代遗留下来的胎记，沉潜着当时政治、军事、经济、文化等种种信息，也显示着文明之光在不同时间、不同族群中表露出来的不同特征，依靠它们，我们依旧能最大程度地探寻过往的秘密，还原丢失的真相。

因此，它们铜绿铁红中包裹着时间赋予的重量，它们的残躯破体里有着历史加载的价值，我们活在当前的身影，可能正需要它们提供一路走来的依据；我们文献中空白已久的章节，可能正等着它们的填补。它们此刻荒凉的境遇中蛰伏着心灵曾经有过的温度，它们此刻沉潜的面目中沉寂着血液曾经澎湃过的冲动，靠近它们，就是在靠近我们云烟苍茫的往昔；抚摸它们，就是在抚摸我们来路难辨的身世。我们需要它们，需要以对它们的爱护、怜惜和敬畏，找到自我精神上的实在、情感上的圆满！我们需要它们，立民族文化之根，铸民族精神之魂，拓文明发展之道，用心激活古老文明，用文化之火照亮民族复兴之路。

历时 4 年多深入普查，最终确认 21 家国有实际文物收藏单位，共收藏一级文物 29 件套、二级文物 124 件套、三级文物 305 件套，为科学评价中卫市黄河文化遗产资源价值、促进黄河文化遗产资源的系统保护和合理利用、讲好"中卫黄河文化故事"奠定了一定基础。结集出版《中卫文物藏珍——中卫市第一次全国可移动文物普查成果》，如数家珍地捧出反映中卫历史文化底蕴的宝贵文物，既是深入贯彻习近平总书记关于文物工作重要论述和重要指示批示精神的工作举措，也是对中卫历史探索未知、揭示本源责任的主动担当。专著中文物图文分门别类，体现了中卫考古在人类起源、农业起源、文明起源、统一的多民族国家形成与发展等方面的重要成果，蕴含着中华民族的文化基因，记录了悠久灿烂的中国历史，闪烁着中华文明的耀眼光芒。

"万物有所生，而独知守其根"。值此专著出版，以期广大读者享受熏陶、收获良多，希冀文物工作者在传承经典的同时，推动更加深入细致地研究，促进黄河文化在更大范围内的弘扬和传播。

2023 年 3 月

第二章　可移动文物普查的特点、存在问题和建议

第三章　可移动文物普查成果

第四章　可移动文物普查先进经验

第五章　文件、相关资料及照片

下　编

第六章　可移动文物藏品精选

导　语

　　为全面掌握我国现存国有可移动文物的数量分布、保存状况、保管权属和使用管理等情况，建立和完善可移动文物认定体系、档案、名录和基于现代信息技术的信息管理平台，2012年10月，国务院部署开展了第一次全国可移动文物普查工作。这是继第三次全国文物普查以来又一次最大规模、最重要的文化遗产保护工程。

　　按照国务院、宁夏回族自治区人民政府的通知精神和国家文物局、宁夏回族自治区文物局的部署，2013年5月，中卫市人民政府组织各级文物主管部门和直属相关部门单位，收看了国务院召开的第一次全国可移动文物普查电视电话会议。会议结束后，时任中卫市人民政府副市长的王君兰同志就贯彻落实刘延东副总理的重要讲话精神，针对我市开展第一次全国可移动文物普查工作提出了具体要求。原中卫市文体广电局下发了《中卫市第一次全国可移动文物普查实施方案》（卫文体广电发〔2013〕74号），对中卫市第一次全国可移动文物普查工作作出了统一要求和全面部署。

　　中卫市第一次全国可移动文物普查时间为2012年12月—2016年12月，共分为前期准备、普查实施和成果汇总验收三个阶段。我市第一次全国可移动文物普查范围为市辖区内的各级国家机关、事业单位、国有企业和国有控股企业等各类国有单位法人所收藏保管的可移动文物，包括普查前已经认定和在普查中新认定的国有可移动文物。普查工作所涉及的文物包括1949年（含）以前，历史上各时代珍贵的艺术品、工艺美术品；历史上各时代存留的重要文献资料以及具有历史、艺术、科学价值的手稿和图书资料等；历史上各时代与各民族社会制度、社会生产有关的代表性实物；由博物馆、纪念馆收藏登记的1949年以后的藏品，列入国家文物局公布的1949年后已故著名书画家书画作品限制出境的鉴定标准范围内的作品；具有科学价值的古脊椎动物化石和古人类化石。

普查登录内容包括文物的名称、类别、级别、年代、质地、外形尺寸、质量、完残程度、保存状态、包含数量、来源方式、入藏时间、藏品编号、收藏单位等14个基本指标项目、11类附录信息、照片影像资料以及收藏单位主要情况。

为切实做好第一次全国可移动文物普查工作，中卫市成立了第一次全国可移动文物普查机构，划拨了可移动文物普查专项经费，组建了可移动文物普查队伍。中卫市第一次全国可移动文物普查办公室设立了普查组和审核组，主要负责组织全市可移动文物普查具体工作的开展，加强对两县普查工作的指导。同时，在文物收藏单位中建立了普查联络员，加强普查信息的沟通、联系。经过近半年普查工作的准备，2013年7月，中卫市全面实施了第一次全国可移动文物普查。

4年来，中卫市第一次全国可移动文物普查办公室在自治区可移动文物普查办的精心指导下，在全市各国有部门单位的大力支持配合下，经过全市普查人员的共同努力，按照普查步骤、时间节点，开展了大量卓有成效的工作，取得了丰硕的普查成果，率先在全区通过了自治区专家组可移动文物普查数据审核验收。中卫市文物管理所在本次普查工作中成绩突出，2017年3月被国务院第一次全国可移动文物普查领导小组办公室、国家文物局授予"第一次全国可移动文物普查先进集体"荣誉。

为全面总结第一次全国可移动文物普查工作，充分展示全市可移动文物普查成果，科学评价中卫市文物资源情况和价值，中卫市博物馆、中卫市文物管理所组织业务人员，根据全市第一次全国可移动文物普查的相关资料成果，编纂了《中卫文物藏珍——中卫市第一次全国可移动文物普查成果》，该书较全面地反映了中卫市第一次全国可移动文物普查成果、普查实施及普查文物资源情况，为中卫市可移动文物的保护管理、宣传展示和合理利用创造了条件，为助推中卫全域旅游示范市、黄河流域生态保护和高质量发展先行市创建，发挥了应有的社会文化效益。

上编

第一章　可移动文物普查工作情况

根据国务院普查办、自治区普查办的统一部署和要求，中卫市普查办按照《中卫市第一次全国可移动文物普查实施方案》确定的普查时间、内容、阶段要求，精心组织实施了市辖区内的第一次全国可移动文物普查。

一、层层组建普查机构，建立全市普查网络

2012 年 10 月，国务院印发了《关于开展第一次全国可移动文物普查的通知》（国发〔2012〕54 号）文件，决定从 2012 年 10 月到 2016 年 12 月，对国内全部国有单位收藏保管的文物进行全面摸底调查登记。随后，国家文物局印发了《第一次全国可移动文物普查实施方案》（文物普查发〔2013〕6 号）。按照国务院和国家文物局的统一要求，自治区文物局印发了《关于印发全区第一次全国可移动文物普查实施方案的通知》（宁文物发〔2013〕51 号），对全区第一次全国可移动文物普查工作进行了安排部署。按照国家和自治区的相关文件要求，中卫市于 2013 年 5 月初印发了《市人民政府办公室关于成立中卫市第一次可移动文物普查领导小组的通知》（卫政办发〔2013〕146 号），正式成立中卫市第一次全国可移动文物普查工作领导小组。2013 年 6 月 3 日，原中卫市文化体育广播电视局印发了《中卫市第一次全国可移动文物普查实施方案》（卫文体广电发〔2013〕74 号）。中卫市第一次全国可移动文物普查工作领导小组组长由分管副市长担任，副组长由市政府副秘书长和原市文化体育广播电视局局长担任，办公室设在原市文体广电局，分管领导担任办公室主任。领导成员单位有市委宣传部、发展和改革委员会、教育局、民政局、民

族宗教局、双拥办、财政局、原国土局、统计局、原文体广电局、党史研究室、档案局、科协、中国人民银行中卫支行、原沙坡头区管理委员会、中宁县、海原县。中卫市第一次全国可移动文物普查工作领导小组的成立，为中卫市可移动文物普查工作的开展提供了强有力的组织保障，体现了市委、市政府对可移动文物普查工作的高度重视。随后，中宁、海原两县按照市政府的通知要求，相继成立了可移动文物普查工作领导小组和办公室。至2013年8月，全市第一次全国可移动文物普查工作领导小组和普查办公室成立完毕，建立了卓有成效的普查工作机构网络。

二、抓好普查培训，奠定普查基础

由于本次普查时间长、任务重，各阶段的培训工作基本采取集中培训的办法。中卫市普查组率先对参与普查的业务人员进行了内部培训，印发了中卫市可移动文物普查人员调查分布图、普查工作手册和中卫市可移动文物普查工作安排，培训从历史年代的认定、国有单位文物收藏表、文物登记卡填写说明、普查信息、普查标准规范解读等方面进行了重点讲授，增强了普查培训的针对性和可操作性。为进一步提高中卫市普查员的业务水平，确保在各个阶段都能保质保量完成好工作，在自治区文物局的大力支持协调下，2013年7月我市普查员参加了"全区第一次可移动文物普查培训班"；2014年6月参加了"吴忠、中卫片区可移动文物普查信息平台操作培训班"；2014年参加了"银川片区可移动文物普查骨干培训班"；2015年5月参加了"吴忠片区可移动文物普查信息审核和质量控制骨干培训班"；2016年3月初，市文物管理所根据基层文物管理所专业技术人员及聘用普查员文博业务水平参差不齐、亟待提高的现状，又举办了为期四天的"中卫市文博业务培训班"，组织全市文物普查人员参加培训，有效提升了普查队员的文博业务能力；2016年3月28日至4月14日，市文物管理所又委派业务骨干，参加了全区第一次可移动文物普查数据审核与质量控制培训班暨联审、全国普查报告编制培训班等培训。自2013年至2016年9月，全市可移动文物普查队员共参加各类培训15次，培训队员50余人次。通过参加不同类别的普查培训和学习，我市普查人员加强了对可移动文物普查工作重要性和紧迫性的认识，掌握和提升了文物普查技术水平和专业知识，在各个阶段的普查过程中能够严格按照普查标准、规范和要求进行，为中卫市可移动文物普查工作全面深入、保质高效地开展奠定了坚实的基础。

三、分步开展调查、认定、采集、登录、审核工作

（一）科学划分区域，明确分工职责

为了更高效地落实好第一次全国可移动文物普查调查阶段的工作任务，在普查工作要求高、时间紧、任务重的情况下，市、县普查组按照乡镇和街道社区分布情况，合理划出需要调查的片区，并制作了片区调查责任区划分图，根据片区划分范围，对参加调查的人员进行区划分工，明确调查责任，根据市统计局统计在册的市内国有单位名录，逐个单位展开详细调查。在进行全面实地调查期间，市、县普查组还安排办公室留守人员，根据邮政局印发的电话簿，提前通过电话询访的方式，联系国有单位相关管理人员（一般为办公室主任、档案室负责人、图书室管理人员等），通过详细的电话询问核实，获取有关可移动文物的相关信息线索。

（二）严格执行调查规范和技术标准

在调查过程中，普查员严格执行国家文物局下达的调查规范和技术标准，对调查中发现的各类可移动文物进行了详细的记录、拍照、测量，认真做好文物数据和相关资料的采集登记工作；及时整理、录入相关调查资料和信息数据；普查组负责人负责审定，保证资料、信息和各项原始数据真实完整；对普查过程中拍摄的照片、各种登记表及其他资料都进行了系统整理、保管，确保第一手资料有处可查，绝不丢失。普查组一边询问核实，一边配合指导国有单位填写"文物收藏情况调查登记表"，在确认无误后，及时收回存档，做到发出多少，回收多少，保证不漏查，不误查。表格回收后由普查组确定专人负责汇总填写《国有单位文物收藏情况调查汇总表》，普查数据必须做到内容详实、记录完整、描述准确，经审核后及时上报自治区文物局。

（三）加强业务指导，协力推进两县普查工作

在调查阶段，市普查办在落实好市级和沙坡头区普查工作的基础上，及时深入中宁、海原两县普查办检查指导普查工作。每到一地，首先听取当地文物管理所对普查工作进度、存在问题、意见和建议的汇报；检查组织机构是否成立、普查方案是否完备、普查人员是否培训、普查经费是否充足、普查设备是否到位等情况；仔细翻阅调查表，查看调查表填写情况，对发现的问题当即指出并给予指导。市普查办检查工作细致到位，督促指导方法得当，有力推动了两县国有单位收藏文物调查登记工作有序开展，实现调查登记表的发放、回收率达100%，对文物的记录、描述也准确无误，成效显著。

（四）非文物系统国有单位文物精确认定

按照普查工作的要求，为加强对非文物系统国有单位文物收藏的管理，确保收藏文物的真实性、准确性，按照可移动文物普查的统一标准，调查了所有收藏的文物。2014年6月，市普查办在对非文物系统国有单位收藏文物情况梳理、汇总后，根据文物的类别、数量和单位划片分布情况，邀请自治区文物认定专家组专程赴沙坡头区、中宁县、海原县进行全面详细认定。在市普查办的积极协调下，专家组不畏酷暑，持续奔波于市、县文物管理所和各非文物系统国有单位，按照严格的认定程序和工作细则，采取比对上报材料与现场实物认定相结合的方式，对收藏文物的时代、名称、用途、级别、真伪等方面进行全方位认定，使非文物系统国有单位收藏的各类文物得到了深入精准摸排和详细精确认定，成为本次可移动文物普查成果的亮点之一，为今后文物的保护管理和弘扬利用提供了资料依据。

（五）文物信息数据采集和登录分步展开

经过自治区专家组共同认定后的各类文物，每一件都要进行详细的信息数据采集，包括尺寸、类别、质地、重量、文物来源、入藏时间、完残程度等，都要一一准确测量、描述、填写，工序繁杂，每一个环节步骤都不能有差错。为确保可移动文物信息数据资料采集准确无误，市普查办在前期培训的基础上，再次列出需要采集的信息数据项目清单，对每个步骤进行详细讲解，进一步明确了采集信息的各类要求。在采集录入过程中，及时检查校对，确保了数据的准确和真实。几组数据采集完毕后，由普查组安排专人逐一先行审核，再由审核负责人逐一进行审核，最后经普查组共同确认后，通过国家文物局建立的网络工作平台统一登录上报。

（六）配备设施提升水平，确保图片信息规范完整

在采集录入数据信息过程中，普查组严格执行国家文物局下达的可移动文物普查规范和技术标准，购买了拍摄文物用的专业背景布、背景板、拍摄平台、LED摄影灯等器材。由于普查中涉及的文物种类繁多、造型各异、大小悬殊、质地不一，根据不同文物的不同形制，拍摄人员采取与文物图片需求相适应的方法，在区分质地类别拍摄的基础上，对一些纸质文物、反光很强的瓷器、需要直立悬吊拍摄的文物，既要保证文物安全，又要拍摄出规范的角度和较好的效果，可谓绞尽脑汁，拍摄的过程不仅是打灯角度、相机性能掌握水平的体现，更是解决实际问题能力的体现。批量的文物拍摄，不但提高了普查队员的摄影技巧，而且提升了普查队员解决实际问题的能力，使中卫市普查队员受益匪浅。在工作期间，市普查办还根据中宁、海原两县普查工作中反馈的具体情况，挤出时间赴两县文物管理所，重点对其相机的性能和使用进行实地拍摄培训指导，并对

器物描述、登录上报等方面进行精心指导。

（七）根据实际情况，调整工作方式，提升工作效率

在文物普查信息录入上报过程中，我们发现网络平台经常出现"拥挤"而不能顺利上传上报的情况。市普查办根据遇到的实际情况，不断总结经验和方法，及时调整工作方式，果断实行白天采集文物数据，晚上上报数据信息的方式，确保了普查数据及时、准确、高效地上传至网络平台。在此期间，市普查办的文物工作人员积极主动地发挥"五加二""白加黑"的拼搏精神，兢兢业业，任劳任怨，严格按照普查相关程序、标准和要求，保证了中卫市第一次全国可移动文物普查工作的顺利进行。与此同时，市普查组还将工作中遇到的问题案例、解决方案等，及时与自治区文博同行们通过手机分享，并始终保持与中宁、海原两县文物管理所的联系，分享普查经验和方法，对遇见的问题及时给予指导，促进了两县普查工作的有序开展，提高了全市的可移动文物普查效率。

（八）加强内容审核，确保数据质量

室内资料整理中，由普查人员和普查负责人对文物普查采集记录数据和拍摄图片进行认真核实调整，尤其是定名、质地、归类等问题必须根据每件器物的特征详细讨论确定，拍摄人员将每件文物、每个角度的照片进行筛选登记，并由调查负责人进行初审。确认后的所有数据，必须经过普查组负责人的反复核对和认真审核，确保无误后由电脑录入人员和相关调查人员将数据上报国家数据库信息平台。审核过程中每个环节的把握，每道程序的核实检查，都容不得半点马虎，通过严格数据管理，层层把关，杜绝资料遗漏或流失，做到所有第一手资料有处可查、有据可依，确保了文物各项原始数据的真实、完整和准确，为普查工作整体质量和效率的提升奠定了坚实的基础。

四、严把各环节程序标准，确保普查整体质量效果

第一次全国可移动文物普查是我国历史文化遗产领域的一项重大国情国力调查，对于准确掌握我国可移动文物资源情况和价值，保障国有馆藏文物安全，奠定文化遗产弘扬利用基础具有重大意义。因此，可移动文物普查各个环节是否严格按照程序标准进行，普查队员是否具备一定的专业素质，对普查各项标准是否熟练掌握，是否做到信息数据精准，填写上报是否精确无误，审核是否按层次和内容要求严格履行职责等方面，都直接关系到普查的质量、效率和成败。为此，中卫市在开展第一次全国可移动文物普查之初，就将普查各环节程序、标准、质量等方面的严格

把关，作为切实做好本次可移动文物普查工作的出发点和落脚点。一是精心组建普查队伍。普查组的每一位队员都选择单位业务素质较好、敬业精神较强的专业技术人员，并且在培训过程中对每一位队员提出更高的要求，确保参加培训的效果和质量，以提升普查队员的专业素质和技能水平。对于聘任临时队员，单位对其道德品质、文化程度、协作精神、责任意识等方面进行考察。同时，经常性地开展教育谈话，要求队员们加强团结，增强协作意识，互促互进，各负其责，充分发挥队员的积极性，增强普查队的整体合力，可靠的普查团队在本次可移动文物普查中起到了至关重要的作用。二是熟练掌握普查各阶段内容标准。本次普查延续四年时间，每个阶段都有不同的工作标准和要求，普查每到某一个阶段，尽可能地通过培训学习、交流讲解、以老带新等方式，让参与普查工作的每一位同志，都能熟练掌握普查相关阶段的内容、标准，努力做到谙熟于心。同时做好每个环节的监督检查，尽可能减少各种因素引起的失误。普查队员对普查各阶段内容、标准的熟练掌握和严谨细致的工作作风，为提升普查质量和效果创造了条件。三是严把文物认定填写关口。在普查过程中，普查队员能够严格执行标准，精益求精地落实好每件文物的认定和填写工作，凡文物命名存疑、时代难以确定、图像不清晰的都要反复研究，有的需补充修改登记或补充拍摄，有的要亲赴收藏单位认真进行实物比对，对仍有疑问的文物及时向自治区文物认定专家组成员咨询，并将咨询意见汇总后交由普查组集体研究讨论才能确定。四是严把信息审核报送关口。为确保国有单位填报的信息资料准确、完整，所有普查员对其负责的国有单位文物信息数据，包括数量、分布、特征、保存状况、环境等基本信息，在本人审核签字后，须经单位档案员再次核实，然后报送调查负责人审核签字，最后由单位普查主要负责人审核、签字并加盖单位公章才能上报，力求在每一个审核环节中不留"盲区"和"死角"。

五、持续扩大宣传，营造普查氛围

加强对普查工作的广泛宣传，引导国有单位和公众积极参与到第一次全国可移动文物普查中，在全社会营造关心和支持文化遗产事业的良好氛围，是中卫市第一次全国可移动文物普查工作的重要组成部分。一是充分利用各类媒体扩大宣传。在普查各阶段工作中，市县普查办积极对接、联系、协调相关新闻媒体，通过广播、电视、网络、新媒体等各类媒体，根据普查的不同阶段分别确定相应的宣传重点进行广泛宣传。第一阶段重点宣传开展普查的目的、意义、范围、内容、方法、程序等；第二阶段重点宣传与普查有关的法律法规、普查标准、普查工作进展等；第三阶段重点宣传普查工作成绩、普查文物成果等。二是利用文化节日活动精心宣传。充分利用每年的"国际博物馆日""自然和文化遗产日""宁夏长城保护日""文化下乡""法治宣传"等节日进行全方位的系列宣传活动。三是结合文物保护单位巡查进行宣传。在每年每季度的各级文物保护单位巡查过程中，市县文物管理所干部职工在完成好每季度巡查工作的基础上，走到一处就及时向当地群众宣传可移动文物普查、相关历史文化遗产知识和文物法律法规。4 年多来，市县两级普查办共印发普查宣传单、普查手册约 14000 份，电视宣传报道 14 次，报刊宣传报道 11 篇，发送简报信息 60 余篇，制作文物展示展板 78 块，悬挂各类条幅 200 余条。通过系列普查宣传活动，很好地普及了普查知识和文物知识，增强了公众文物保护意识，调动了社会力量参与可移动文物普查的积极性。

六、加大经费投入，为普查提供保障

为保证中卫市第一次全国可移动文物普查工作的顺利开展，市、县两级普查办积极努力协调，市、县财政给予了大力支持，按照第一次全国可移动文物普查每个阶段的工作安排和需求，根据地方实际情况，每年向普查办及普查实施单位按期拨付普查经费。4 年来，市、县两级财政为普查工作划拨经费共计 81.45 万元，其中，向中卫市普查办划拨经费 45.45 万元，向中宁县普查办划拨经费 21 万元，向海原县普查办划拨经费 15 万元。较为充足的普查经费为按期高效完成可移动文物普查任务提供了资金保障。

为了确保专项资金的合理规范使用，市、县普查办加强资金管理，每年定期制定资金使用计划。市、县文物管理所根据普查工作的需要，先后购买了台式电脑 6 台、数码相机 2 部、专用镜头 1 个、微距镜头 2 个、打印机 3 台、移动硬盘 4 个、摄影灯 4 台、摄影背景台 3 套、背景布 20 张，光纤使用费 4.2 万元。同时，为普查队员们配发了普查员工作证、致各级机关和国有企事业单位的一封信、国有单位文物收藏单位情况调查表、普查专用笔记本等必备的普查用品，保证了第一次全国可移动文物普查各阶段工作的顺利开展。并且，市普查办还积极争取市财政资金支持，为市文物管理所文物修复室购买了超声波清洗机、恒湿恒温冰箱、文物粉尘吸尘机、立式显微镜、台式钻床、绘图桌等文物专业设备，为开展可移动文物的清理修复工作奠定了硬件基础。

第二章　可移动文物普查的特点、存在问题和建议

中卫市第一次全国可移动文物普查严格按照国家、自治区普查办的普查要求、普查步骤、普查时间节点，有条不紊地开展工作。市普查办及市文物管理所结合实际，大胆尝试，敢于摸索，不断创新普查方法，取得了良好的普查效果。

一、普查工作特点突出

（一）普查行动早、部署快、措施强，实现普查"六到位"

全国可移动文物普查电视电话会议一结束，中卫市即刻成立普查工作领导小组和普查办公室，召开会议部署开展普查工作；抽调相关人员组建普查组；普查专项经费及时划拨到普查办；普查设备按程序及时采购到位；普查各阶段共同协商讨论采取强有力的普查措施。切实做到了普查机构到位、普查办公室到位、普查人员到位、普查经费到位、普查设备到位、普查措施到位，确保了中卫市第一次全国可移动文物普查工作顺利推进。

（二）实施文物调查、认定、采集、审核、登录、上报各阶段方法优势明显，普查效率高

文物调查以各乡镇、街道为基本单元，分组进行调查摸底，同时还采取电话询访方式提前与各国有单位对接联系搞清线索。为了避免自治区文物认定专家组工作量大、无暇顾及的可能，我

们在文物认定工作开展前期，就积极主动地与专家组负责人对接联系，及时邀请专家来中卫进行文物认定。在专家认定工作开展过程中，我们及时跟进对接，在一个单位认定结束后的间隙，加班加点安排采集文物相关信息，不明确之处马上咨询专家，为准确高效填写《国有单位收藏文物情况调查登记表》创造了良好条件。审核工作也在每个环节层层把关，履职尽责，使错误、漏报、遗失等可能出现的问题得到了有效控制。登录上报过程中，我们避开了上班时间网络"拥挤"的状况，采取"白加黑""五加二"的方式，在休息日和晚上进行上报。各阶段采取的各种有效方法和措施，确保了可移动文物普查质量和效率的显著提升。

（三）各部门单位职责明确，配合密切，形成了普查工作合力

中卫市在建立普查工作领导小组时，就将相关部门单位列入其中，明确了各自职责和分工。在组建普查办公室时，明确办公室成员由原中卫市文体广电局办公室、市文物管理所抽调人员组成，办公室重点负责组织、协调、保障、制定方案等，市文物管理所重点负责文物调查、认定、采集、审核、登录、上报和对中宁县、海原县文物管理所的业务指导。科学合理的工作安排、履职尽责的工作作风、密切配合的工作态度，真正使中卫市的可移动文物普查工作发挥出了有效的整体合力。

（四）树立大局意识，市县互帮互助、协同作战

在普查工作中，市文物管理所在每个阶段都及时对中宁县、海原县文物管理所的普查工作情况进行调研，针对两个单位存在的困难和问题，多次派出业务骨干奔赴两地帮助指导，使中卫市的普查工作得以顺利整体推进，每个阶段的工作一直走在全区的前列，率先完成第一次全国可移动文物普查工作任务。固原博物馆在普查后期时间紧、任务重的情况下，向中卫市文物管理所领导提出给予人力、技术支持，单位立即安排两名业务骨干对固博及相关单位给予了全力帮助，为全区按时完成普查工作贡献了自己的力量，也赢得了自治区和地市级相关领导、专家的一致好评。

二、普查工作中存在的困难和问题

第一次全国可移动文物普查是一项文化遗产系统工程，涉及面广、范围大、时间长，在历时四年多的普查工作中，难免遇到一些困难和问题。归结起来主要有以下几个方面：

（一）县级基层文物单位的文物认定、信息采集、审核难度大

由于二十多年来事业单位编制不断压缩，基层文博单位人才难以引进，早已出现了青黄不接现象，两县文物管理所的专业人员奇缺，导致文物认定、信息采集、审核难度加大，进程受到一

定影响。市普查组在普查过程中专门举办了一次文博业务培训班，而且经常安排市文物管理所的普查员赴中宁、海原两县进行现场业务指导，弥补了两县人才资源的不足。

（二）普查信息数据网络平台登录难度大

普查软件程序个别设置不够科学合理，导致从开始的文物调查登记汇总，到后来的数据登录、审核难以适时进行。普查组面对新问题及时探索创新普查方法和上传途径，采取恰当的措施，适应了上传报送程序的要求，确保了每个阶段普查任务得以如期完成。

（三）两县财力投入稍显不足

由于中宁、海原两县财力有限，对普查工作的经费支持力度不够充分，每年的普查经费不足，致使普查进度相对迟缓，购置器材、外出培训、租用普查交通工具等方面也受到了一定的制约，相应地对普查工作造成了一定的影响。

（四）个别国有部门单位重视不够

在普查中，绝大部分国有部门单位对可移动文物普查工作给予了重视和支持，有些系统部门还专门印发文件对普查工作进行安排落实。但还存在个别国有部门单位重视程度不够，配合不够积极主动的现象，造成文物藏品的深度摸排困难，不排除个别单位文物家底尚未真实呈现的可能。

三、对下一步工作的建议

第一次全国可移动文物普查工作虽然已经结束，但文物保护管理及后期的许多工作依然任重道远。为了切实做好今后历史文化遗产的保护管理和弘扬利用工作，我们根据前期的各类情况，特提出以下建议。一是持续深化改革，进一步理顺文物保护管理职能体系。针对一些基层文物事业单位保护管理职能不够清晰，行政、事业工作含混不清的状况，需要进一步深化改革，厘清行政职能和事业职能的不同职责，在明确职能职责的前提下，该由行政主管部门承担的工作，明确交由行政主管部门负责，该由事业单位承担的保护职责，交由事业单位履行，并且还要努力减少"上级行政部门的工作，传导给下属事业单位办理"的不良状况。二是进一步明确非文物系统国有文物收藏单位的文物管护职责任务。在普查中我们发现，个别非文物系统国有单位和其他相关单位（如寺庙管理委员会等），文物保护管理意识较差，部分文物散落在单位的某个角落，没有专门的责任管理人，对文物的安全保护也缺乏有效措施，极易造成文物发生丢失或损坏。这就需要我们充分运用法律手段，进一步明确非文物系统国有单位文物安全管护的责任，确保各类文物不发生丢失、损坏等问题。三是加强基层文物专业人才培养和引进，建立高素质文物专业队伍。目前，市、县基层文物单位引进专业人才非常困难，有的基层文物管理所二十年里几乎没有引进或培养过文博专业人员，文博单位专业人员年龄衔接极不顺畅，青黄不接现象极为严重。建议进一步深化基层人事改革，努力探索放活人事聘用权，鼓励用人单位引进、高聘专业人才，为现有文物行业注入新鲜血液，提升文物保护研究水平。同时，对现有专业人员采取外出培训、参与项目、合作研究等手段，不断提升文博人员的专业知识、技能。四是将非文物系统国有单位文物保护纳入文物保护规划。收藏在非文物系统国有单位的文物，绝大部分保管条件差、安全系数低，残损较多，保护、修复难度大等问题十分突出。建议国家文物部门尽快出台政策，将非文物系统国有单位收藏的文物，纳入国家文物保护整体规划中，提升文物保存科学水平，有计划、有步骤地组织实施，使这些文物能得到及时有效科学的保护。五是深入系统地开展本土可移动文物研究工作。市、县人民政府和文物保护管理部门、单位，应当对基层文物基础性研究工作给予足够的重视和支持，在第一次全国可移动文物普查的基础上，健全、提升文博队伍，给予调查研究经费、政策等方面的扶持，加强对可移动文物基础性理论的深度研究，深入挖掘本市可移动文物的价值和丰富内涵，为历史文化遗产的保护利用、传承弘扬工作创造先决条件。

第三章　可移动文物普查成果

自 2013 年开展中卫市第一次全国可移动文物普查工作以来，在中卫市第一次全国可移动文物普查工作领导小组的正确领导下，在市、县普查办公室、普查组的共同努力下，从宣传发动、机构建立、工作部署、方案制定、队伍组建、人员培训、国有单位调查、文物认定、信息采集登录、专家审核等方面，按照普查步骤和各阶段时间节点的要求，开展了大量卓有成效的工作，摸清了全市国有可移动文物的家底，建立了科学规范的可移动文物登录制度，取得了丰硕的成果，为后期的可移动文物保护管理和合理利用奠定了坚实基础。

一、摸清了国有单位收藏文物数量、分布情况

（一）国有单位收藏文物情况调查登记实现全覆盖

2013 年 7 月起，中卫市全面开展国有单位收藏文物情况调查登记。通过组建普查队伍，参加国有单位收藏文物情况调查登记培训，全市 20 多位普查员（含临时聘任人员），经过 3 个多月紧张而辛劳的调查，完成了国有单位收藏文物情况调查登记。全市共调查符合普查登记条件的国有单位 825 家（沙坡头区 332 家、中宁县 255 家、海原县 238 家），其中行政机关单位 243 家（沙坡头区 96 家、中宁县 85 家、海原县 62 家），事业单位 482 家（沙坡头区 194 家、中宁县 146 家、海原县 142 家），国有企业及控股企业 78 家（沙坡头区 36 家、中宁县 24 家、海原县 18 家），其他单位 22 家（沙坡头区 6 家、海原县 16 家），共登录填写档案 825 份，普查区域覆盖率 100％。市县普查办按照要求高效完成了调查登记表的汇总、审核和上报工作。

（二）国有单位收藏文物数量及分布情况全面掌握

2014 年 6 月，市县普查办在对国有单位收藏文物情况梳理、汇总后，按照文物类别和数量，及时邀请自治区文物认定专家组来中卫市进行认定。专家组按照认定程序、工作细则，采取单位上报材料与现场认定相结合方式开展认定工作。经过 2 个月的精心审核认定，最终确认全市共有实际文物收藏单位 21 家（沙坡头区 5 家、中宁县 2 家、海原县 14 家），共调查、登记、认定各类可移动文物 3973 件套（沙坡头区 2539 件套、中宁县 574 件套、海原县 860 件套）。

二、国有可移动文物保护管理体系基本建立

（一）基本建立可移动文物保护体系

中卫市文物管理所、海原县文物管理所、中宁县文物管理所等文物系统国有收藏单位，以及市县档案局、海原县地震博物馆等非文物系统国有单位，均设有较规范的藏品档案库房，技防人防等安全防范措施到位，管理规范有序。其他非文物系统国有单位，经过本次可移动文物普查的广泛宣传和普查办专业人员的指导培训，大都成立了文物保护机构，指定了文物管护临时专职人员，规范登记了单位收藏的文物，初步建立起可移动文物保护体系。

（二）国有可移动文物资源基本实现标准化、动态化管理

在第一次全国可移动文物普查结束后，国有收藏单位全部按照普查信息登录标准和要求进行规范管理，为本单位各类文物建立了统一规范的"文物身份证"，初步实现了全市国有可移动文物资源自下而上的标准化、动态化管理。

（三）建立国有可移动文物调查、认定、登记、管理机制

按照可移动文物管理工作的要求，中卫市建立了市、县两级可移动文物管理机构，行政管理机构设在市、县级文物行政主管部门。市、县文物管理所主要负责可移动文物的调查、认定、管理、监督管理等日常组织协调工作，对本辖区的各类国有可移动文物进行信息登记、交流、保护修复、宣传展示及动态化管理等。

（四）国有可移动文物信息资源库基本建成

中卫市第一次可移动文物信息数据通过自治区文物专家组审核后，开展了中卫市国有可移动文物信息资源库筹建工作。已完成平台建设、设备采购和信息录入等工作。资源库存储量大，容纳了全市一区两县的各类国有可移动文物信息，并具有易操作、维护成本低等优点。

（五）国有可移动文物收藏单位名录和国有可移动文物名录全部建立

2015年6月至11月，中卫市普查办按照国家普查办可移动文物编码系统及可移动文物收藏单位编码系统编制要求，在市编办、市统计局、市质量技术监督局的支持配合下，建立了中卫市全部国有单位可移动文物的编码，将其全部纳入可移动文物名录，并统一上传至自治区文物局和国家文物局，正式纳入全国国有可移动文物收藏单位名录和国有可移动文物名录。

三、本行政区域普查数据

（一）本行政区域国有可移动文物收藏单位

沙坡头区：行政区域内国有可移动文物收藏单位5家，保管人员10人，库房总面积710平方米。

海原县：行政区域内国有可移动文物收藏单位14家，保管人员14人，库房总面积135平方米。

中宁县：行政区域内国有可移动文物收藏单位2家，保管人员2人，库房总面积60平方米。

（二）本行政区域国有可移动文物数量及分布

沙坡头区：行政区域国有可移动文物收藏量为2539件套。其中，文物系统：中卫市文物管理所上报文物数量2461件套；非文物系统：中卫市档案局36件套、中卫市高庙保安寺27件套、中卫市香岩寺11件套、中卫市宣和镇福堂村永庆寺4件套。

海原县：行政区域国有可移动文物收藏量为860件套。其中，文物系统：海原县文物管理所上报文物数量680件套；非文物系统：海原县地震博物馆23件套、海原县第一中学3件套、海原县档案局16件套、海原县西安镇天都山石窟14件套、海原县西安镇西安州城址马王庙15件套、海原县甘盐池玉泉山北海寺11件套、海原县红羊乡金佛沟石窟3件套、海原县红羊乡凤岭龙山寺石窟3件套、海原县红羊乡元龙山石窟17件套、海原县高崖乡高崖庙山仙佛寺19件套、海原县贾塘乡东岳山玉皇庙34件套、海原县九彩乡九彩坪拱北17件套、海原县李旺镇九百户清真寺5件套。

中宁县：行政区域国有可移动文物收藏量为574件套。其中，文物系统：中宁县文物管理所上报文物数量573件套；非文物系统：中宁县鸣沙镇人民政府1件套。

表 3-1　中卫市第一次全国可移动文物普查工作文物分类统计表

类别	数量（件套）			小计
	沙坡头区	海原县	中宁县	
金银器	3	2	6	11
乐器、法器	1			1
名人遗物	6		1	7
化石	4	5	10	19
瓷器	301	68	103	472
档案、文书	1		1	2
雕塑、造像	34	16	123	173
古籍、图书	3		32	35
漆器	1			1
钱币	450	78	54	582
石器、石刻	431	170	44	645
铁器、其他金属	51	27	10	88
铜器	482	31	42	555
文件、宣传品	1		3	4
文具	7	2	1	10
玺印、符牌	3	23	3	29
织绣	2	1	30	33
牙骨角器	44	5	2	51
音像制品	39			39
度量衡器		1		1
家具		1		1
玉石器、宝石	61	12	10	83
竹木雕	2	2	6	10
陶器	598	415	73	1086
书法、绘画	11		9	20
玻璃器皿			2	2
碑印拓本			1	1
皮革			1	1
其他	3	1	7	11
总计	2539	860	574	3973

表 3-2　中卫市第一次全国可移动文物普查工作文物定级情况统计表

定级情况地区数量	数量（件套）			小计
	沙坡头区	海原县	中宁县	
一级文物	25	4	0	29
二级文物	35	4	85	124
三级文物	260	31	14	305
一般文物	50	821	437	1308
未定级文物	2169		38	2207
总计	2539	860	574	3973

表 3-3　中卫市第一次全国可移动文物普查工作文物入藏年代分布情况统计表

年代分布地区数量	数量（件套）			小计
	沙坡头区	海原县	中宁县	
1949 年 10 月 1 日前	16	0	0	16
1949 年 10 月—1965 年	0	9	52	61
1966—1976 年	2	7	0	9
1977—2000 年	1817	749	278	2844
2001 年至今	704	95	244	1043
总计	2539	860	574	3973

表 3-4　中卫市第一次可移动文物普查工作文物完残状况统计表

完残状况地区数量	数量（件套）			小计
	沙坡头区	海原县	中宁县	
完整	1324	221	134	1679
基本完整	219	31	50	300
残缺	897	431	301	1629
严重残缺	99	177	89	365
总计	2539	860	574	3973

第四章　可移动文物普查先进经验

自 2012 年 10 月国务院部署第一次全国可移动文物普查工作以来，经过四年多的共同努力，2016 年底，中卫市文物管理所率先保质高效地完成了第一次全国可移动文物普查工作，并对自治区境内文博行业相关单位给予了大力支持配合，取得了良好的效果。经过自治区文物局在五市范围内的综合考评推荐，2017 年 3 月，中卫市文物管理所被国务院第一次全国可移动文物普查领导小组办公室、国家文物局授予"第一次全国可移动文物普查先进集体"荣誉。本章将中卫市文物管理所第一次全国可移动文物普查工作先进经验简要综述如下：

一、组织机构健全，安排部署有序，普查实现"六到位"

积极报请原市文体广电局、市人民政府，于 2013 年 5 月正式成立了中卫市第一次全国可移动文物普查工作领导小组，并设立了市、县普查办公室、普查组。配合市普查办及时印发了《中卫市第一次全国可移动文物普查实施方案》等相关文件，对各阶段工作进行安排部署，可移动文物普查的宣传、培训、调查、认定、采集、登录、审核等工作都有条不紊地开展。市文物管理所积极争取市财政资金的支持，四年来共申请第一次全国可移动文物普查经费 45.45 万元，设施设备、网络光纤租用、交通、技术人员聘用等费用的解决，为中卫市顺利有效地开展工作提供了强有力的经费保障，使我市率先实现了普查工作的"六到位"，即普查机构到位、办公室到位、人员到位、经费到位、设备到位、措施到位。

二、强化教育培训，持续帮助指导，队伍素质有保证

在普查实施过程中，中卫市文物管理所采取"参加上级培训、组织本级培训、基层指导培训"的方法，有效地开展了各类可移动文物普查培训。自2013年至2016年9月，组织普查员参加了"全区第一次可移动文物普查培训班"、"吴忠、中卫片区可移动文物普查信息平台操作培训班"、"银川片区可移动文物普查骨干培训班"、"吴忠片区可移动文物普查信息审核和质量控制骨干培训班"、全区第一次可移动文物普查数据审核与质量控制培训班暨联审、全国普查报告编制培训班等培训学习。普查期间，每年开展内部培训，使普查员尽快掌握文博业务技能并适应普查工作。2016年3月，又组织了为期4天的"中卫市文博业务培训班"，邀请自治区博物馆、文物考古研究所的4位文物专家，对全市文博专业技术人员和相关文物管理单位人员进行了培训。在此基础上，市文物管理所根据中宁县文物管理所、海原县文物管理所面临的困难和问题，多次组织人员赴两县进行具体分项培训指导。普查工作开展期间，全市普查员共参加各类培训15次，参加人员50多人次，为我市普查工作的顺利实施奠定了坚实的业务基础。

三、注重"两个结合"，宣传不断深入，始终营造良好氛围

中卫市文物管理所采取"普查宣传与日常文物宣传相结合""文物巡查征集与普查宣传相结合"的工作方式，加强对第一次全国可移动文物普查的宣传，积极引导相关国有单位和公众关注参与，在全社会营造了关心支持文化遗产保护事业的良好氛围。一是利用广播、电视、报纸、网络、新媒体等各类媒体，根据不同阶段的要求，分别确定宣传重点内容，持续广泛开展宣传活动。二是结合每年的"国际博物馆日""自然和文化遗产日""文化下乡""法治宣传"等宣传活动，深入广泛宣传可移动文物普查工作，共印发可移动文物普查宣传单、普查手册约13000份，电视宣传报道11次、报刊宣传9篇、简报35篇，制作展示可移动文物普查宣传展板48块，悬挂各类宣传条幅30多条。三是在黄河宫博物馆文物征集、中卫博物馆文物征集、各级文物保护单位巡视检查期间，向相关单位、组织和群众宣传文物保护法律法规，宣传第一次全国可移动文物普查。通过4年多的系列普查宣传，不仅较好地普及推广了历史文物知识，增强了公众的文物保护意识，而且有效地调动了社会力量积极参与可移动文物普查的积极性。

四、细审核、严把关，高标准、求质量，确保数据真实可靠

在第一次全国可移动文物普查的各个阶段，中卫市文物管理所都精益求精，细审核、严把关，高标准、求质量。可移动文物的定名、质地、归类等问题必须详细讨论，文物命名存疑、年代不准、图像不清晰的都要反复深究直至解决，此间还多次赴收藏单位比对文物，对仍有疑问的信息及时咨询自治区文物专家，并交由普查组集体研究讨论确定。在非文物系统国有文物收藏单位中确定了普查联络员，加强普查信息的沟通联系。照片、信息记录、表册资料，都系统整理保管，确保第一手资料有处可查。普查组负责人自始至终在一线录入审核，确保了上报数据的准确、完整、全面；普查员严格按照文物登录规范标准和古籍图书登录规范要求操作，准确录入上报普查数据，严把质量审核关，确保了各类数据的真实、可靠、完整。尤其是在数据审核上报阶段，普查员们发挥"五加二""白加黑"的拼搏精神，兢兢业业，任劳任怨，严格按照普查程序、标准和要求进行，为高效保质完成中卫市第一次全国可移动文物普查任务奠定了基础。

五、密切配合，互帮互助，率先完成普查任务

在工作中，中卫市文物管理所和各国有收藏单位配合密切，形成了普查工作整体合力，普查区域覆盖率达到100%。在市编办、统计局、质量技术监督局等部门单位的支持下，建立了中卫市可移动文物编码。每年调研中宁县文物管理所、海原县文物管理所的普查情况，针对两县普查办存在的困难和问题，多次派出业务骨干进行帮助指导，使中卫市可移动文物普查工作一直走在全区前列，并在全区文博系统率先完成了第一次全国可移动文物普查任务。

六、各项措施到位，保护体系建立，普查工作成效显著

四年多来，在自治区普查办、自治区文物专家组、市普查办的精心指导下，在各国有单位的大力支持下，经过全市普查人员的共同努力，开展了大量卓有成效的工作，取得了丰硕成果。中卫市文物管理所在普查工作中建立了国有可移动文物调查、认定、登记、管理工作机制；做到了国有单位收藏文物情况调查登记全覆盖，收藏文物数量及分布情况全面掌握；各收藏单位

有较规范的库房，有专门机构或专职人员，登录制度健全，安全防范措施到位，管理规范有序，基本建立了可移动文物保护管理体系，基本实现国有可移动文物资源标准化、动态化管理；基本建成中卫市国有可移动文物信息资源库，全部建立国有可移动文物收藏单位名录和国有可移动文物名录，普查工作取得显著成效，为推动今后可移动文物保护管理、研究宣传、弘扬利用奠定了坚实的基础。

第五章 文件、相关资料及照片

一、第一次全国可移动文物普查相关文件

财 政 部
国 家 文 物 局 文件

财教〔2013〕228号

财政部 国家文物局
关于加强第一次全国可移动文物普查经费保障与管理的通知

各省、自治区、直辖市、计划单列市财政厅（局）、文物局，新疆生产建设兵团财务局、文化广播电视局：

《国务院关于开展第一次全国可移动文物普查的通知》（国发〔2012〕54号，以下简称《通知》）

印发后，各级文物等相关部门积极行动，各项工作有序开展。2013年4月，国务院召开了第一次全国可移动文物普查电视电话会议，对普查工作进行了全面部署。为贯彻落实《通知》和国务院会议精神，加强经费保障与管理，现通知如下：

一、提高认识，高度重视可移动文物普查工作

第一次全国可移动文物普查（以下简称普查）是建国60多年来首次针对可移动文物开展的普查，是全面掌握我国文物资源、健全国家文物保护体系的重点基础工作，已列入《国家"十二五"时期文化改革发展规划纲要》。通过普查，可以加强文物系统的国有资产登记监管，建立覆盖全国的文物保护体系。同时，能够全面掌握我国国有可移动文物的保存状况和保护需求，引导文化遗产资源和要素合理流动和优化配置。各级财政、文物部门要统一思想、提高认识，把普查工作作为一项重点工作来抓，以对国家和民族、对历史和未来高度负责的态度，确保普查工作顺利进行。

二、统筹协调，加强可移动文物普查经费保障

各地方财政部门要按照《通知》中"普查所需经费由中央和地方分别负担"的要求，担负起相应的支出责任，切实保障普查经费，重点支持普查组织动员和人员培训、国有单位文物调查、信息采集和数据审核处理等工作。省级财政部门应当做好统筹协调工作，确保本地普查经费的落实。要将普查经费列入年度财政预算，专项安排，及时、足额拨付到位。尚未安排普查经费的省市要尽快落实经费，并将经费安排情况报送财政部。财政、文物部门将对各地经费保障情况进行督查，对经费保障水平好、安排速度快，普查工作任务完成优质高效的省市，中央财政将在安排文物专项转移支付资金时给予适当倾斜。

三、加强管理，提高资金使用的规范性、安全性和有效性

这次普查涉及范围广、参与单位多、延续时间长，各地财政、文物部门要合理安排预算，建章立制，加强管理，专款专用，规范资金支出渠道和开支范围，把资金管好用好，确保每一分钱都用在刀刃上。在普查工作中，应充分利用现有成果和条件，在已有文物数据中心的统一平台上完成各项技术工作。要按照中央八项规定和厉行节约、反对浪费的要求，在确保普查任务完成的同时，避免重复建设、资源浪费。同时，各地财政部门要切实加强文物普查资金使用情况的监管，加强普查中的国有资产管理，防止国有资产流失，提高资金使用的安全性和有效性。

特此通知

中华人民共和国财政部　国家文物局

2013年8月8日

国家文物局办公室函件

办普查函〔2015〕489号

关于发布《第一次全国可移动文物普查数据审核工作管理办法》的通知

各省（自治区、直辖市）文物局（文化厅）：

为做好第一次全国可移动文物普查数据审核工作，规范工作流程，提高普查数据质量，国家文物局根据《第一次全国可移动文物普查实施方案》，制定了《第一次全国可移动文物普查数据审核工作管理办法》，现予发布，特此通知。

国家文物局第一次全国可移动文物普查工作办公室

（国家文物局办公室代章）

2015 年 2 月 25 日

第一次全国可移动文物普查数据审核工作管理办法

一、为规范全国可移动文物信息登录平台（以下简称"平台"）数据审核工作，严格普查数据质量管理，确保登录的藏品信息完整、规范、准确、有效，根据《第一次全国可移动文物普查实施方案》，特制定本办法。

二、本办法所称普查数据，是指已完成登记注册的收藏单位，在平台上登录的信息。包括收藏单位基本情况，藏品的基本信息、管理信息和图像。登录信息的内容和标准依照《馆藏文物登录规范》执行。

三、本办法所称的普查数据审核工作，包括对普查登录的收藏单位信息，以及藏品的基本信息、管理信息和图像信息等进行真实性、完整性、准确性审核。审核方式包括网上及现场认定、审核。

四、普查数据审核以县域为基本单元，按照属地管理、分级负责的原则开展。

县级普查机构负责审核本行政区域各单位登录的普查数据。地市级普查机构负责审核隶属本级行政区域各单位登录的普查数据，并对辖区内各县级普查机构报送的普查数据进行复核。省级普查机构负责对本行政区域内各单位（含中央属单位）的普查数据进行终审。

经审核的普查数据由本级普查机构根据隶属关系向上级普查机构报送。国家文物局普查办对各省完成审核的数据进行抽样检查，并评定数据质量。

审核意见由各级普查机构决定并在平台上记录。

五、在进行文物认定和数据审核时，各省级普查机构可根据本省工作需要，安排部署文物藏品定级工作，并加强对本次普查新定级文物藏品数据审核。文物藏品定级依据《文物藏品定级标准》（文化部 2001 年第 19 号令）、《近现代一级文物藏品定级标准（试行）》（文物博发〔2003〕38 号）开展。

六、收藏单位负责本单位藏品信息的采集、登录、检查、核对、维护。收藏单位应指定专人负责普查数据审核，确保信息的真实、完整、准确。经单位审核确认的登录信息，报送主管普查机构审核。

在平台登录的藏品信息应与藏品基础档案一致，如在认定、登录、审核过程中对藏品信息做出调整，造成平台中的藏品信息与纸质档案、账目不一致的，应当将调整情况在纸质档案、账目上予以记录说明。

七、普查机构在进行数据审核时，应对全部登录内容逐一检查核对，确定藏品性质。藏品性质按照文物、标本、资料三种类型登记，并由省级普查机构予以最终核定。省级以下（不含省级）普查机构在审核时暂时无法明确藏品性质时，可记录为存疑。

八、普查机构在进行数据审核时，如无法确定藏品登录信息，需对照藏品实物核定。普查机构对登录信息的主要指标项进行修改时，如需要征求收藏单位意见的，应当向收藏单位征求意见，并在修改后将审核和修改结果告知收藏单位。

九、各级普查机构应建立普查数据审核专家库，规范认定工作规则、程序。专家库应广泛吸收相关行业和领域的专家，组成人员的专业领域应覆盖需要审核的藏品类别。承担数据审核工作的专家，应在平台上注册登记，并对审核建议予以记录。普查机构在进行数据审核时，对于需要征求专家意见的，应当组织专家进行预审，并综合专家的审核建议出具审核结论。

十、在本次普查中新发现和认定的文物，以及审核结论为存疑的藏品，在审核中应征求专家意见。对于同一编号的藏品，应当由不少于三名以上的专家出具审核建议。专家意见不一致的，由普查机构决定最终审核结论，也可由普查机构报送至上级普查机构，由上级普查机构审核。

十一、国家文物局普查办负责对全国普查数据质量进行检查和抽查，对于文物级别为一级的藏品数据全部进行检查。抽查按照省级行政区域进行随机抽取，每一年度每省抽取检查的次数不低于3次，每次抽取的藏品数据数量不低于500条。数据质量较差的省份应当增加抽查次数。

十二、国家文物局普查办制定《第一次全国可移动文物普查数据质量评定标准》（见附件），开展数据质量评定。经抽查的普查数据，根据审核结果，划分为优、良、中、合格、差五个等级，作为基础数据计算普查数据差错率。评定为"差"的数据，占抽查数据总数0.5%以上的，视为抽查不通过。国家文物局普查办在抽查结束后，将抽查结果及时告知省级普查机构。

十三、国家文物局普查办在开展普查数据抽样检查时，应当组织专家对被抽查的数据进行复核审核，并提出审核建议。开展数据审核的专家，由国家文物局根据抽查数据类别从国家文物鉴定委员会、普查领导小组成员单位或相关部门推荐的专家、国家文物局各省文物进出境审核管理处以及各省普查专家库中遴选，并在全国可移动文物信息登录平台上登记注册。

十四、各级普查机构、各收藏单位应加强普查数据审核和质量管理，制定普查数据审核和质量管理的相关制度，保证普查数据质量。国家文物局普查办应当指导各省普查数据审核工作，组织普查数据审核培训。

十五、各级普查机构和收藏单位应当建立普查数据安全管理制度，加强普查数据审核中的安全和保密管理。各级普查机构和收藏单位要加强普查审核人员和账户管理，不得擅自删除、泄露普查数据，参与审核数据专家及相关人员未经收藏单位和普查机构许可，不得出于个人需要使用相关数据。未经国家文物局审核同意，不得自行公布数据审核结果。

十六、本办法自公布之日生效。

附件：第一次全国可移动文物普查数据质量评定标准

附件

第一次全国可移动文物普查数据质量评定标准

一、评定的数据范围

1. 藏品性质：属于文物、标本、资料的哪一类。

2. 普查数据的指标项及图像。

3. 收藏单位信息是否准确、完善。

4. 各级普查办审核是否完整。

二、分值与质量等级

普查数据以 99 分为基数扣减，分为优、良、中、合格、差五个等级。

优：90—99 分。藏品性质判断正确，指标项填写准确、规范、完整。

良：80—89 分。藏品性质判断正确，指标项填写准确，较为规范、基本完整。

中：70—79 分。藏品性质判断正确，有关文物年代、质地、实际数量的指标项无误，其他指标项较为规范、基本完整。

合格：60—69 分。藏品性质判断正确，有关文物年代、质地、实际数量的指标项无误。

差：59 分及以下。藏品性质判断错误，有关文物年代、质地、实际数量的指标项有误。

各级普查办审核情况较好，加 1 分。

三、数据质量与评定标准对照表

评定标准		质量说明	分值（扣减）
藏品性质		藏品性质认定错误	40 分
指标项	照片	照片与实物不对应或无法辨识	40 分
		照片质量不合要求（如：成套文物没有全体图或个体图；钱币缺正反两面照片；照片不清晰等）	10 分
		重要局部，如款识、题字等没有照片；默认显示的照片非正视图	2 分

续表

评定标准		质量说明	分值（扣减）
指标项	定名	名称中表述器形、年代的信息有误	40分
	年代	断代严重错误	40分
		年代和具体年代均填写"其他"	40分
		年代与文物名称中的年代不一致	20分
		年代和具体年代不一致	20分
	类别	文物类别选择不当	5分
		文物类别选择错误	10分
	质地	主要质地选择错误	40分
		复合质地，质地选择缺少1/3及以上	10分
	数	实际数量错误	40分
	质量	质量范围错误	10分
		贵重质地文物缺少具体质量	5分
	尺寸	尺寸明显错误	10分
		缺少通长、通宽、通高或具体尺寸	5分
	完残状况	完残程度为"残缺""严重残缺"的，未填写完残状况	2分

国家文物局文件

文物普查发〔2017〕7号

关于表彰第一次全国可移动文物普查先进集体和
先进个人的决定

国务院普查领导小组各成员单位,各省、自治区、直辖市文物局(文化厅)、新疆生产建设兵团文物局、各相关部门:

2012年至2016年,国务院统一部署,组织开展了第一次全国可移动文物普查。全国成立3600个普查机构,投入10.7万名普查人员、12.4亿元经费,调查102万家国有单位,全面加强文物认定和登记,新发现一大批重要文物,健全国家文物资源管理机制,圆满完成第一次全国可移动文物普查任务,为我国文物事业改革发展做出了积极贡献。

普查实施五年来,全国各级普查机构和广大普查工作人员,牢记使命、恪尽职守、不畏艰难、无私奉献,按时、高效完成了可移动文物普查各项工作任务,涌现出一大批工作成绩突出、精神风貌高尚的先进集体和先进个人,为第一次全国可移动文物普查做出了突出贡献,为文物工作树立了楷模。为弘扬其忠于职守、开拓创新、为国奉献的崇高精神,经报国务院审批,全国评比达标表彰工作协调小组批准,各地可移动文物普查机构认真评选、层层推荐和逐级公示,国务院第一次全国可移动文物普查领导小组办公室、国家文物局决定,授予首都博物馆等80个单位"第一次全国可移动文物普查先进集体"荣誉称号,授予薛俭等80名同志"第一次全国可移动文物普查先进个人"荣誉称号。希望受到表彰的先进集体和个人珍惜荣誉,发扬成绩,谦虚谨慎,再接再厉,为加强文物保护利用,传承弘扬中华优秀传统文化再立新功。

各级文物行政部门和参加普查的有关单位广大干部职工要以受到表彰的先进集体和先进个人为榜样，紧密团结在以习近平同志为核心的党中央周围，高举中国特色社会主义伟大旗帜，牢记文化遗产保护光荣使命，立足本职岗位，争创优异成绩，不忘初心、继续前进，为建设文化遗产强国做出新的更大贡献。

附件：1.第一次全国可移动文物普查先进集体表彰对象名单

2.第一次全国可移动文物普查先进个人表彰对象名单

国务院第一次全国可移动文物普查领导小组办公室

（国家文物局代章）

2017 年 3 月 13 日

附件1：

第一次全国可移动文物普查先进集体表彰对象名单（共80个）

（部分）

重庆市

重庆市万州区博物馆

重庆中国三峡博物馆（重庆博物馆）第一次全国可移动文物普查办公室

四川省

四川博物院

成都博物馆

贵州省

黔东南苗族侗族自治州第一次可移动文物普查办公室

黔西南布依族苗族自治州第一次可移动文物普查办公室

云南省

云南省文物鉴定专家委员会

楚雄彝族自治州博物馆

陕西省

安康市文化文物广电局

榆林市文物保护研究所

甘肃省

甘肃简牍博物馆

甘肃省图书馆历史文献部

宁夏回族自治区

中卫市文物管理所

固原市原州区文物管理所

附件 2:

第一次全国可移动文物普查先进个人表彰对象名单（共 80 名）

（部分）

四川省

晏满玲（女）　　四川省泸州市博物馆藏品部主任

李勤学（羌族）　阿坝藏族羌族自治州文管所文保中心主任

贵州省

云海（苗族）　　贵州省第一次可移动文物普查办公室普查员

胡云燕（女）　　遵义市第一次可移动文物普查办公室副主任

云南省

赵　云　　　　　云南省博物馆副研究馆员

刘忠华　　　　　曲靖市文物管理所原所长 / 支部书记

陕西省

朱新文　　　　　陕西省文物局博物馆与社会文物处调研员

邵小龙　　　　　陕西文物数据中心主任

梁彦民　　　　　陕西历史博物馆保管部主任

甘肃省

班睿（藏族）　　甘肃省文物资料信息中心副主任

杜永强　　　　　白银市博物馆副馆长

宁夏回族自治区

孔德翊　　　　　宁夏文物保护中心馆员

董薇（女）　　　银川市文物管理处馆员

宁夏回族自治区
文 物 局 文 件

宁文物发〔2013〕47号

关于近期做好全区第一次全国可移动文物普查的通知

各市、县（区）文化（文物）局：

4月18日，国务院召开了第一次全国可移动文物普查电视电话会议，自治区人民政府同步召开了全区第一次全国可移动文物普查电视电话会议。各市、县（区）文化（文物）部门要认真学习会议精神，明确任务，抓好工作落实。

各地要及时报请当地政府成立相应的第一次全国可移动文物普查领导小组及普查机构，落实工作经费，组建普查队伍，确保各项工作有序推进，并于5月10日前将落实会议情况和本级普查领导小组成员、普查办公室名单及工作联系人名单（包括职务、电话号码、电子邮箱、QQ号）报自治区可移动文物普查领导办公室（文物局）。

联系人：自治区文物局　杨丽华　孔德翊

联系电话：0951-6025170

宁夏回族自治区文物局

2013年4月18日

宁夏回族自治区
文 物 局 文 件

宁文物发〔2013〕51 号

关于印发全区第一次全国可移动文物普查实施方案的通知

各市、县（区）文化（文物）局：

为贯彻落实国务院《关于开展第一次全国可移动文物普查的通知》（国发〔2012〕54 号）精神，切实做好我区第一次全国可移动文物普查工作，结合我区实际，制定《宁夏回族自治区第一次全国可移动文物普查实施方案》，现印发给你们，请认真贯彻执行。

附件：《宁夏回族自治区第一次全国可移动文物普查实施方案》

宁夏回族自治区第一次可移动文物普查领导小组办公室

（代章）

2013 年 5 月 15 日

宁夏回族自治区第一次全国可移动文物普查实施方案

根据国务院《关于开展第一次全国可移动文物普查工作的通知》（国发〔2012〕54号）和国家文物局《第一次全国可移动文物普查实施方案》（文物普查发〔2013〕6号）要求，结合我区实际，制定本方案。

一、普查意义和目标

第一次全国可移动文物普查是继第三次全国文物普查后，我国文化遗产保护领域又一次重要国情国力资源调查，是维护国家文化安全、增强国家文化软实力、提升中华文化国际影响力的战略工程，是加强文物保护管理和有效利用的重要基础性工作。开展全区可移动文物普查，有利于全面掌握可移动文物的基本情况及其保存状态，对科学评价我区文物资源情况和价值，建立健全可移动文物保护体系，促进文物资源的整合利用，丰富公共文化服务内容，保障人民群众基本文化权益将起到积极作用。

本次普查是在不改变文物权属现状下，通过普查，全面掌握全区国有收藏单位可移动文物的数量分布、保存状况、保管权属和使用管理情况，建立、完善国有可移动文物档案和信息管理系统，建立可移动文物分级、分类、分布名录，为文物的标准化和规范化管理创造基础条件；建立国有可移动文物动态监测体系，全面提升文物保护和管理水平；建立文物数据应用服务平台，促进科学研究和资源共享，实现文物资源的合理利用。

二、普查范围和内容

此次普查的范围是我区境内各级国家机关、事业单位、国有企业和国有控股企业等各类国有单位法人所收藏保管的可移动文物，包括普查前已经认定和在普查中新认定的国有可移动文物。

普查的文物包括：1949年（含）以前，历史上各时代珍贵的艺术品、工艺美术品；历史上各时代重要文献资料以及具有历史、艺术、科学价值的手稿和图书资料等；反映历史上各时代、各民族社会制度、社会生产、社会生活的代表性实物；由博物馆、纪念馆收藏登记的1949年后的藏品；列入国家文物局公布的1949年后已故著名书画家作品限制出境鉴定标准范围的作品；具有科学价值的古脊椎动物化石和古人类化石。

普查登录的主要内容是：文物名称、类别、级别、年代、质地、外形尺寸、质量、完残程度、保存状态、包含数量、来源方式、入藏时间、藏品编号、收藏单位名称等14项基本指标项，11类附录信息、照片影像资料以及收藏单位主要情况。

三、普查技术线路

此次可移动文物普查按照属地调查与行业调查相结合，单位自查申报与集中调查相结合，传统调查方法和新技术应用相结合的原则，确定我区第一次全国可移动文物普查技术路线。

（一）统一部署，分级实施。普查按照全区统一部署，自治区、市、县（区）级人民政府分级负责，各有关部门共同参与。采用分级管理方式，以县域为基本单位实施。

（二）整合资源，注重效率。普查信息数据库建设以现有条件为基础，充分利用现有成果，科学整合现有资源。为提高工作效率，本次普查前已经建档且已经完成信息化的文物数据，可根据本次普查的统一技术标准，导入普查信息采集软件或信息登录平台。

（三）统一标准，规范登记。普查实施标准化管理。按照国务院普查领导小组发布的普查规范和技术标准执行。

（四）统一平台，联网直报。普查充分利用现代信息技术，实行"统一平台、联网直报、分级审核、动态管理"的原则。各普查单位均配有专门账号，将经认定的文物信息在统一平台上登录；各级普查机构依照权限在平台上对登录信息逐级审核。

四、普查组织领导

此次普查实行全区统一领导，部门分工协作，属地分级负责的组织方式。

（一）自治区普查组织机构

根据国务院《通知》精神，自治区人民政府成立宁夏回族自治区第一次全国可移动文物普查领导小组（以下简称"自治区普查领导小组"），负责全区可移动文物普查的组织和领导，协调解决重大问题。

自治区普查领导小组下设办公室，办公室设在自治区文物局，负责全区可移动文物普查的具体组织实施和协调工作。主要职责是：

1. 制定《全区第一次全国可移动文物普查实施方案》，编制阶段性工作计划，并做好发布和组织实施工作。

2. 举办全区级普查人员业务骨干和师资培训班。

3. 组织专家开展全区可移动文物认定工作。

4. 对全区可移动文物信息采集、登录、报送等普查工作进行指导、督促和检查。

5. 编制普查经费预算，管理并执行自治区级财政预算，督促落实各地方财政预算，保证普查工作的顺利实施。

6. 开展普查相关的宣传报道。

7. 审核、汇总、验收各级普查机构的普查数据。

8. 编制并提交《宁夏回族自治区第一次全国可移动文物普查工作报告》《宁夏回族自治区第一次全国可移动文物普查文物名录》，公布普查成果。

（二）市、县（区）普查组织机构

各市、县（区）成立相应的可移动文物普查领导小组，负责本行政区普查工作的组织领导，协调解决工作中出现的相关问题。领导小组下设办公室，主要负责本地区文物普查的具体工作，办公室设在文化（文物、旅游、广电）局。主要职责是：

1. 根据自治区普查领导小组办公室制定的实施方案及国家文物局发布的相关标准规范，制定本级普查工作方案和相关制度，组建普查队伍。

2. 负责对本行政区内国有单位文物调查、普查登录和普查数据的审核、汇总、上报。

3. 落实本级普查经费，分别列入各级地方相应年度财政预算。

4. 编制并提交本级普查工作报告、普查名录，公布本级普查成果。

县级普查机构负责建立本行政区内纳入各级普查范围的全部国有单位清单。

（三）成员单位

主要职责是：

在自治区普查领导小组的领导下，各成员单位和有关部门要根据国务院、国家文物局和自治区政府相关文件精神，积极组织，动员本部门、本系统的各有关单位通力协作，密切配合文物行政部门共同做好普查工作。

1. 提出本部门参加文物普查的工作方案和措施，通知本系统各单位执行。

2. 协助文化（文物）行政部门研究解决普查涉及本系统的重要问题，积极提供本系统管辖范围内的文物线索，配合普查队（组）进行调查登记和登录工作。

3. 档案部门负责提供全区各级档案馆基本信息以及各馆收藏具有文物价值的档案等可移动文物信息，同时配合文物部门做好文物认定、信息录入等工作。

4. 教育部门负责对全区各级公办学校、教育机构收藏的可移动文物进行普查登记，提交本系统国有可移动文物收藏单位信息，以及国有可移动文物普查信息，配合文物部门做好文物认定、信息录入等工作。

5.宗教部门要宣传、动员、引导宗教团体和宗教活动场所配合政府做好文物普查工作，积极主动为文物普查创造便利，提供资料。

6.财政部门负责普查经费的安排、使用与管理。

7.各部门协同做好普查文物的安全和保护工作。

（四）普查队（组）

1.各市、县（区）成立普查队（组），担负本行政区域各国有单位文物调查及普查登录工作。

2.宁夏文物保护中心成立普查队负责对自治区境内中央及区属各国有单位信息录入工作。宁夏岩画中心要发挥专业优势，协助做好普查中相关工作。

3.宁夏博物馆、固原博物馆、宁夏文物考古研究所由本单位专门成立普查队，负责完成本单位的普查工作。

4.银川市西夏陵管理处、贺兰山岩画管理处由本单位专门成立普查队，负责完成本单位的普查工作。

5.对可移动文物收藏较为集中的邮政、交通、农垦、水利部门，由本部门成立普查队，安排专门人员，配合文物部门做好本系统普查工作。

普查中登记的国有可移动文物受《中华人民共和国文物保护法》的保护。任何部门、单位和个人不得擅自采取有损文物安全的行为。各单位要严格按照相关操作规程进行文物信息的提取并做好各项预防措施，防止在普查登记中造成文物损坏。普查中涉及的国家秘密，必须履行保密义务。

五、普查时间与实施步骤

（一）普查时间

按照国务院和国家文物局要求，我区的普查工作从 2012 年 10 月开始，到 2016 年 12 月结束，普查的标准时点是 2013 年 12 月 31 日 24 时。

（二）实施步骤

第一阶段：2012 年 10 月至 2013 年 6 月。主要任务是成立各级普查机构，制定和完善普查实施方案，召开全区普查工作会议，编制并落实经费预算，印发普查规范和标准，组织开展业务培训。

第二阶段：2013 年 7 月至 2015 年 12 月。主要任务是以县域为基础开展文物调查、认定和信息数据登录。普查采取边采集边建档、边整理、边报送、边审核、边登录工作方式进行。建立以县为单元的普查制度和国有单位清单开展调查；根据国家统一规范和技术标准，开展文物认定和文物测量、拍摄、信息数据资料采集和登记，按季度上报普查工作进展情况报告；依照权限审核、汇总、上报普查成果。

第三阶段：2016年1月至2016年12月。主要任务是普查数据、资料的整理、汇总，数据库建设和公布普查成果，开展检查验收和审核上报，完成相关报告报送工作；公布可移动文物名称和可移动文物收藏单位名录；建立可移动文物编码系统、可移动文物收藏单位编码系统和可移动文物信息管理系统；编制可移动文物普查档案和普查工作报告；完成项目的结项评估和审计工作。

六、普查中文物认定

可移动文物认定按照国家文物局颁布的《文物认定管理暂行办法》进行，采取查阅资料和现场认定相结合的方式进行。

对于文博系统各专业单位已列入馆藏并有藏品档案的可移动文物，直接进行信息采集，不再进行认定。对文博系统之外的国有收藏单位藏品，由自治区级普查领导小组办公室统一组织认定。认定程序是：

（一）筛选。各级普查办依据全区可移动文物收藏调研情况和各单位前期填写的《文物登记表》和《文物藏品档案》，筛选出疑似文物名单。

（二）认定。自治区普查领导小组办公室组织专家对各级普查办筛选出的疑似文物名单按照此次普查文物认定标准进行认定，认定结束后将认定结果上报。

（三）复核。自治区普查领导小组办公室根据普查工作程序进行复核，对存在争议的文物组织专家组进行重新认定，并将复核结果公布。

七、普查经费

此次可移动文物普查所需经费应列入各级财政年度预算，由自治区和县级以上地方各级人民政府分别承担，自治区财政对文物数量较大的县区给予适当文物普查经费补助。各级普查领导小组及其办公室要按照财政制度规定，加强经费管理，专款专用，确保资金使用的规范、安全、有效，要加强普查设备的登记、使用与管理，防止国有资产流失。

八、普查宣传

自治区普查领导小组办公室制定全区普查工作宣传方案，经领导小组审定发布后，组织实施。各市、县（区）普查领导小组办公室根据全区可移动文物普查宣传方案制定本级宣传方案并组织实施。

各地应高度重视普查的宣传工作，根据普查工作各阶段任务确定宣传内容，充分利用广播、电视、报刊和互联网等多种宣传媒体，宣传辖区内可移动文物普查。各级普查办公室要定期编发简报，增进普查工作信息的交流，推广普查经验。通过宣传，提高文物普查的社会认知度和全民文物保护意识，为保证普查工作的顺利进行创造条件。

九、普查总结

普查工作结束后，县以上地方政府应对普查组织、前期调研、业务培训、单位排查、文物调查与认定、数据登录、成果整合等工作进行全面总结，并根据规范要求，编写本行政区域的普查工作报告。自治区普查领导小组办公室在各市、县（区）普查工作报告的基础上编制《宁夏回族自治区第一次全国可移动文物普查工作报告》。

为发扬成绩、鼓励先进、总结经验，自治区普查领导小组召开全区第一次全国可移动文物普查工作总结表彰大会。

宁夏回族自治区
文 物 局 文 件

宁文物发〔2013〕81 号

关于开展国有单位可移动文物收藏情况调查的通知

各市、县文化（文物）局，各有关单位：

　　根据《自治区人民政府关于开展全区第一次可移动文物普查的通知》（宁政发〔2013〕51 号）和《宁夏回族自治区第一次全区可移动文物普查实施方案》精神，按照第一次全国可移动文物普查领导小组办公室的安排和部署，为全面掌握我区国有单位文物收藏管理情况，收集整理相关资料。我局决定开展全区国有单位可移动文物调查工作。现将有关事宜通知如下：

　　一、调查范围

　　1.调查的单位范围

　　本次调查的范围是全区境内各级国家机关、事业单位、国有企业和国有控股企业，以及列入各级文物保护单位范围的宗教寺庙等各类法人单位（以下简称"国有单位"）收藏保管的可移动文物。

　　调查的国家机关：是指中国共产党各级委员会及各部门、各级人民代表大会及其常务委员会、各级人民政府及其工作部门、各级人民法院和专门人民法院、各级人民检察院和专门人民检察院、中国人民政治协商会议各级委员会，民革、民盟、民建、民进、农工党、致公党、九三学社、台盟等各级工作机构。

国家权力机关、国家行政机关、国家司法机关在重庆的分支机构和派出机构，以及其他依法成立的机关。

调查的事业单位：是指经国务院机构编制管理部门批准、国家事业登记管理部门登记备案，或经区县级以上机构编制管理部门批准、区县级以上事业单位管理登记部门登记或备案，领取《事业单位法人证书》，取得法人资格的事业单位。

调查的国有企业及国有控股企业：是指按《中华人民共和国企业法人登记管理条例》规定登记注册的国有企业、国有独资企业和国有控股企业。

2. 调查的文物范围是：1949 年（含）以前，历史上各时代珍贵的艺术品、工艺美术品；历史上各时代重要文献资料以及具有历史、艺术、科学价值的手稿和图书资料等；反映历史上各时代、各民族社会制度、社会生产、社会生活的代表性实物；由博物馆、纪念馆收藏登记的 1949 年后的藏品；列入国家文物局公布的 1949 年后已故著名书画家作品限制出境鉴定标准范围的作品；具有科学价值的古脊椎动物化石和古人类化石。

驻宁中国人民解放军和武警部队可移动文物普查由总政治部自行组织开展，不纳入我区普查范围。

二、调查内容

调查的主要内容按《国有单位文物收藏情况调查登记表》和《国有单位文物收藏情况调查汇总表》要求完成。

三、调查要求

1. 本次调查工作以县（区）域为单位，各县（区）普查机构组建普查队伍，对所辖区域内所有国有单位开展调查，并建立本行政区内纳入各级普查范围的全部国有单位清单。

2. 各县（区）普查机构要按照第一次全国可移动文物普查领导小组办公室发布的《国有单位文物收藏情况调查登记表》、《国有单位文物收藏情况调查汇总表》、《可移动文物认定信息表》（含《文物登记卡》）。其中，《可移动文物认定信息表》（含《文物登记卡》）用于博物馆、纪念馆等文物收藏单位以外的其他国有单位的普查工作。各县（区）普查机构要对辖区内所有国有单位开展调查，各国有单位要按填报要求据实填写调查表，并加盖单位公章。

3. 各县（区）普查机构要认真审核、复核调查表，并完成本区域内纳入各级普查范围的全部国有单位文物收藏情况调查汇总，于 2013 年 9 月 1 日前将《国有单位文物收藏情况调查登记表》、《国有单位文物收藏情况调查汇总表》和国有单位清单等纸质材料一式两份报全区第一次可移动文物普查领导小组办公室（文化厅六楼文物局），并将电子表格发送到 nxwenwuju@163.com 邮箱。

联系人：孔德翊　杨丽华

电话：0951-6021563　6025170

附件：1.《国有单位文物收藏情况调查登记表》

2.《国有单位文物收藏情况调查汇总表》

3.《可移动文物认定信息登记表》

宁夏回族自治区第一次可移动文物普查领导小组办公室

（宁夏回族自治区文物局代章）

2013 年 6 月 29 日

宁夏回族自治区
文 物 局 文 件

宁文物发〔2014〕82号

关于做好全区第一次全国可移动文物普查
文物认定工作的通知

各市、县（区）文物（文化）局：

按照《全区第一次全国可移动文物普查实施方案》，我区已完成全区第一次全国可移动文物普查工作的国有单位文物收藏情况调查工作，即将转入文物认定工作阶段，为做好2014年度全区文物认定工作，现将有关事项通知如下：

一、文物认定范围

认定的收藏单位包括：我区行政区域内各级国家机关、事业单位、国有企业和国有控股企业等各类国有单位所收藏保管的可移动文物。

认定的文物包括：1949年（含）以前，历史上各时代珍贵的艺术品、工艺美术品；历史上各时代重要文献资料以及具有历史、艺术、科学价值的手稿和图书资料等；反映历史上各时代、各民族社会制度、社会生产、社会生活的代表性实物；由博物馆、纪念馆收藏登记的1949年后的藏品；列入国家文物局《1949年后已故著名书画家作品限制出境的鉴定标准》目录的书画作品；具有科学价值的古脊椎动物化石和古人类化石。

二、文物认定方式和程序

可移动文物认定按照国家文物局颁布的《文物认定管理暂行办法》进行，采取查阅资料和现场认定相结合的方式进行。

博物馆、图书馆等文物收藏单位收藏的，已列入馆藏并作为文物登记的，直接进行信息采集，不再进行认定。对其他国有单位收藏的藏品，由自治区级普查领导小组办公室统一组织认定。认定程序是：

（一）筛选。各市、县（区）普查办根据本区域内国有单位调查情况，将所有进行认定的文物进行初步建档，列出认定名单（附件1），填写《文物登记卡》（附件2）和《认定申请》（附件3），报自治区普查办。认定结束后组织各国有单位按照认定结果填写《可移动文物信息认定登记表》（附件4）。

（二）认定。自治区普查领导小组办公室成立文物认定专家组，组织专家对各级普查办筛选出的疑似文物名单按照此次普查文物认定标准对各国有单位可移动文物进行现场认定结束后将认定结果反馈给各市、县（区）普查办，并将认定结果汇总后上报国家文物局。

（三）复核。自治区普查领导小组办公室根据普查工作程序进行复核，对存在争议的文物组织专家组进行重新认定，并将复核结果公布。

（四）针对专家认定为文物的收藏品，各国有单位填写《文物登记卡》，开展信息采集登录工作。

（五）各普查机构在复核工作完成后，将辖区《全区馆藏文物认定鉴定意见表》（附件5）报送自治区普查办备案（1套）。

三、文物认定时间安排

文物认定时间安排：文物系统外国有单位的文物认定、鉴定工作同时进行，于2014年7月底完成，8月30日完成复核工作。文物认定不影响文物信息采集、登录，工作可交叉进行。

各市、县（区）普查办于5月15日前将认定名单（附件1）和《认定申请》（附件3）纸质和电子版报送至自治区普查办。

联系人：孔德翊

联系电话：0951-6021563

传　　真：0951-6025170

电子邮箱：350069510@qq.com

附件：1. 文物认定清单

　　　2. 文物登记卡

3. 认定申请

4. 可移动文物信息认定登记表

5. 全区馆藏文物认定鉴定意见表

宁夏回族自治区文物局

2014 年 5 月 4 日

附件1：

普查办文物认定清单

单位（盖章）：　　　　　　　　　　　　　　填写日期：　　年　　月　　日

序号	藏品号	名称	时代	质地	数量	完残	来源	规格（尺寸）	收藏单位

本表共　　页，共计　　件套（计　　件）文物。

填写人：

复核人：

附件2：

文物登记卡

附表编号：   填写日期：   年 月 日

收藏单位			
现登记号		文物照片（正面）	
名　　称			
原　　名			
文物级别			
文物类别			
质　　地			
年　　代		具体年代	
质量范围		具体质量	
完残程度		保存状态	
包含文物数量		实际件数	
文物来源		尺　　寸	
入藏时间范围		入藏年度	
鉴定意见	鉴定人（签名）： 年 月 日		
备注			

附件 3:

宁夏回族自治区第一次全国可移动文物
普查文物认定申请

　　_____可移动文物普查办:

　　按照《全区第一次全国可移动文物普查实施方案》,我单位已经完成了文物清库建档工作,完整地填写了《文物登记卡》和《可移动文物信息认定登记表》,特申请你办进行文物认定工作。

年　　月　　日

(普查办签章)

附件 4：

编号：

可移动文物信息认定
登记表

普查机构名称：_____

省（自治区、直辖市）：_____

市（地区、州、盟）：_____

县（区、市、旗）：_____

登记人（签字）：_____日期：___年__月__日

审定人（签字）：_____日期：___年__月__日

抽查人（签字）：_____日期：___年__月__日

第一次全国可移动文物普查领导小组办公室 制

可移动文物信息认定登记表

编号：

收藏单位名称		组织机构代码	
隶 属 关 系	□中央属　　□省属　　□地市属　　□县区属　　□乡镇街道属　□其他		
负责人姓名		上级主管机构	
认定意见、结论	根据 ____ 年___ 月 至 _____年___月专家组对_____（单位）文物收藏情况现场实物鉴定的意见，经审定，该单位下列藏品共____件\套认定登记为文物（附文物列表）。		
认定组织及批准机构	（盖　章） 　　　年　　月　　日 说明：本次认定为文物属性确认，不涉及所有权的确认和商业价值的判断。本表一式三份。		

文物列表

附表编号	现登记号	文物名称	鉴定意见			
			珍贵文物			一般文物
			一级	二级	三级	

填表人：_____　　　　　日 期：_____年____月__日

附件 5：

宁夏回族自治区馆藏文物认定鉴定意见表

单位（盖章）：

鉴定日期：　年　月　日

序号	藏品号	名称	时代	质地	数量	完残	来源	规格（尺寸）	鉴定意见	复核意见

本表共　页，共计　件套（计　件）文物。其中：一级文物　件套（计　件），初步鉴定人：

二级文物　件套（计　件），三级文物　件套（计　件），一般文物　件。　复核鉴定人：

宁夏回族自治区
文 物 局 文 件

宁文物发〔2016〕82 号

关于转发国家文物局《关于做好
第一次全国可移动文物普查验收工作的通知》的通知

各市、县（区）文化（文物）局：

　　全区第一次全国可移动文物普查已进入验收总结阶段，为做好普查总结和成果发布相关事宜，现将国家文物局《关于做好第一次全国可移动文物普查验收工作的通知》（办普查函〔2016〕904 号）转发给你们，请各单位根据通知要求，完善普查档案，填写《第一次全国可移动文物普查验收表》，编写本行政区域《第一次全国可移动文物普查验收报告》，做好本地区第一次全国可移动文物普查验收工作。请各地于 2016 年 9 月 30 日之前，将本地区内《第一次全国可移动文物普查验收表》、《第一次全国可移动文物普查验收报告》、《第一次全国可移动文物普查总结报告》报至我局。

　　附件：关于做好第一次全国可移动文物普查验收工作的通知

宁夏回族自治区文物局

2016 年 8 月 30 日

国家文物局办公室函件

办普查函〔2016〕904号

关于做好第一次全国可移动文物普查验收工作的通知

各省、自治区、直辖市文物局（文化厅），新疆生产建设兵团文物局：

第一次全国可移动文物普查已进入验收总结阶段，为做好普查总结和成果发布相关事宜，国家文物局决定组织各地开展普查验收工作。现将有关事项通知如下：

一、验收程序

（一）各省（区、市）级普查机构负责开展验收工作，组织辖区内各级普查机构填写《第一次全国可移动文物普查验收表》（附件1），并根据全省（区、市）普查工作情况，形成《第一次全国可移动文物普查验收报告》，主要内容可参考《第一次全国可移动文物普查验收报告主要内容》（附件2）。

（二）验收结论由省级普查机构出具，分为"合格"与"不合格"两个等次，具体标准可参考《验收合格评定标准》（附件3）。

（三）国家文物局对各省（区、市）验收工作进行监督、检查。

二、验收范围

各省（区、市）各级普查机构和登录至全国可移动文物信息登录平台（以下简称"统一平台"）的收藏单位均纳入验收范围。

三、验收重点

（一）普查的组织；

（二）普查的覆盖率；

（三）普查实施进度和质量；

四、报送验收材料

（一）验收料包括《第一次全国可移动文物普查验收表》和《第一次全国可移动文物普查验收报告》两部分。

（二）验收材料编写完成后以各省（区、市）第一全国可移动文物普查领导小组办公室名义，于 2016 年 10 月 31 日前正式报国家文物局。同时发送电子版至邮箱 pucha@sach.gov.cn。

专此通知

附件：1.《第一次全国可移动文物普查验收表》

2.《第一次全国可移动文物普查验收报告主要内容》

3.《验收合格评定标准》

国家文物局第一次全国可移动文物普查工作办公室

（国家文物局办公室代章）

2016 年 8 月 19 日

宁夏回族自治区
文 物 局 文 件

宁文物发〔2017〕58号

关于开展全区第一次全国可移动文物普查表彰活动的通知

各市、县（区）文化（文物）局，各有关单位：

全区第一次全国可移动文物普查工作历经五年努力，于2016年底按时完成。根据《自治区人民政府关于开展全区第一次可移动文物普查的通知》（宁政发〔2013〕61号）相关要求，自治区第一次全国可移动文物普查领导小组办公室将对全区第一次全国可移动文物普查先进集体和先进个人进行表彰。现就有关事项通知如下：

一、评选范围

先进单位为在普查工作中组织严密，行动积极，工作扎实，贡献突出的市、县（区）普查单位。先进个人为在普查工作中做出突出贡献的普查工作人员。

二、表彰名额

先进集体由五市各推选1—2个；先进个人各市、县（区）各推荐1名。

三、评选程序

先进集体和先进个人由各市、县（区）普查办按照面向基层，自下而上方式进行推荐，区直文博单位直接报送至自治区普查办。自治区普查办负责审核筛选，确定表彰对象。

四、其他要求

各地推荐的先进集体和先进个人名单加盖所在地普查办公章后，于2017年5月15日前评选资料报送至自治区可移动文物普查办公室。

联　系　人：孔德翊

联系电话：0951-6021563

传　　　真：0951-6025170

电子邮箱：350069510@qq.com

宁夏回族自治区第一次可移动文物普查领导小组办公室

（宁夏回族自治区文物局代章）

2017 年 5 月 8 日

中卫市人民政府办公室文件

卫政办发〔2013〕146号

关于成立中卫市第一次全国可移动文物普查领导小组的通知

各县人民政府，沙坡头区管委会，市政府有关部门、直属机构：

为切实加强对全市可移动文物普查工作的组织领导，按照《自治区人民政府关于开展全区第一次可移动文物普查工作的通知》（宁政发〔2013〕51号）有关要求，经市人民政府研究决定，成立中卫市第一次可移动文物普查领导小组，现将领导小组人员名单通知如下：

组　长：王君兰　副市长

副组长：金　忱　市政府副秘书长、外事侨务办公室主任

　　　　王学军　市文化体育广播电视局局长

成　员：张振宇　市委宣传部副部长

　　　　俞军平　市发展和改革委员会副主任

　　　　赵炳东　市教育局副局长

　　　　张　斌　市民族宗教事务局副局长

　　　　张希俭　市双拥工作办公室副主任

　　　　刘金保　市财政局副局长

　　　　王金栋　市国土资源局纪检组组长

　　　　陈桂凤　市统计局副局长

　　　　谭河清　市文化体育广播电视局副局长

　　　　赵英男　市科协副主席

冯中海　市委党史研究室主任

魏海玲　市档案局副局长

于学军　中国人民银行中卫市中心支行工会主席

邹建萍　沙坡头区管理委员会主任

张　伟　中宁县副县长

李崇新　海原县副县长

　　领导小组下设办公室,办公室设在市文化体育广播电视局，具体负责文物普查工作的日常组织和协调等工作，办公室主任由谭河清同志兼任。

　　　　　　　　　　　　　　　　　　　　　　中卫市人民政府办公室

　　　　　　　　　　　　　　　　　　　　　　2013 年 5 月 5 日

中卫市
文化体育广播电视局文件

卫文体广电发〔2013〕74号

中卫市文化体育广播电视局关于印发
《中卫市第一次全国可移动文物普查实施方案》的通知

中宁、海原文旅广电局，沙坡头区文体卫生和计划生育局，各成员单位：

为了认真贯彻落实国务院《关于开展第一次全国可移动文物普查的通知》精神，切实做好我市第一次全国可移动文物普查工作，结合我市实际，制定《中卫市第一次全国可移动文物普查实施方案》，现印发给你们，请认真贯彻执行。

附件：《中卫市第一次全国可移动文物普查实施方案》

中卫市第一次全国可移动文物普查领导小组办公室

（代章）

2013 年 5 月 28 日

中卫市第一次全国可移动文物普查实施方案

根据自治区人民政府《关于开展全区第一次可移动文物普查工作的通知》（宁政发〔2013〕51 号）和自治区文物局《关于印发全区第一次全国可移动文物普查实施方案的通知》（宁文物发〔2013〕51 号）要求，结合我市实际，制定本方案。

一、普查意义和目标

第一次全国可移动文物普查是继第三次全国文物普查后，我国文化遗产保护领域又一次重要国情国力资源调查，是维护国家文化安全、增强国家文化软实力、提升中华文化国际影响力的战略工程，是加强文物保护管理和有效利用的重要基础性工作。开展全市可移动文物普查，有利于全面掌握可移动文物的基本情况及其保存状态，对科学评价我市文物资源情况和价值，建立健全可移动文物保护体系，促进文物资源的整合利用，丰富公共文化服务内容，保障人民群众基本文化权益将起到积极作用。

本次普查是在不改变文物权属现状下，通过普查，全面掌握全市国有收藏单位可移动文物的数量分布、保存状况、保管权属和使用管理情况，建立、完善国有可移动文物档案和信息管理系统，建立可移动文物分级、分类、分布名录，为文物的标准化和规范化管理创造基础条件；建立国有可移动文物动态监测体系，全面提升文物保护和管理水平，建立文物数据应用服务平台，促进科学研究和资源共享，实现文物资源的合理利用。

二、普查范围和内容

此次普查的范围是我市境内各级国家机关、事业单位、国有企业和国有控股企业等各类国有单位法人所收藏保管的可移动文物，包括普查前已经认定和在普查中新认定的国有可移动文物。

普查的文物包括：1949 年（含）以前，历史上各时代珍贵的艺术品、工艺美术品；历史上各时代重要文献资料以及具有历史艺术科学价值的手稿和图书资料等；反映历史上各时代、各民族社会制度、社会生产、社会生活的代表性实物；由博物馆、纪念馆收藏登记的 1949 年后的藏品；列入国家文物局公布的 1949 年后已故著名书画家作品限制出境鉴定标准范围的作品；具有科学价值的古脊椎动物化石和古人类化石。

普查登录的主要内容是：文物名称、类别、级别、年代、质地、外形尺寸、质量、完残程度、保存状态、包含数量、来源方式、入藏时间、藏品编号、收藏单位名称等 14 项基本指标项，11 类附录信息、照片影像资料以及收藏单位主要情况。

三、普查技术线路

此次可移动文物普查按照属地调查与行业调查相结合，单位自查申报与集中调查相结合，传统调查方法和新技术应用相结合的原则，确定我市第一次全国可移动文物普查技术路线。

（一）统一部署，分级实施。普查按照全区、全市统一部署，自治区、市、县（区）级人民政府分级负责，各有关部门共同参与，采用分级管理方式，以县域为基本单位实施。

（二）整合资源，注重效率。普查信息数据库建设以现有条件为基础，充分利用现有成果，科学整合现有资源。为提高工作效率，本次普查前已经建档且已经完成信息化的文物数据，可根据本次普查的统一技术标准，导入普查信息采集软件或信息登录平台。

（三）统一标准，规范登记。普查实施标准化管理。按照国务院普查领导小组发布的普查规范和技术标准执行。

（四）统一平台，联网直报。普查充分利用现代信息技术实行"统一平台、联网直报、分级审核、动态管理"的原则。各普查单位均配有专门账号，将经认定的文物信息在统一平台上登录；各级普查机构依照权限在平台上对登录信息逐级审核。

四、普查组织领导

此次普查实行全市统一领导，部门分工协作，属地分级负责的组织方式。

（一）中卫市普查组织机构

根据自治区《通知》精神，中卫市人民政府成立中卫市第一次可移动文物普查领导小组（以下简称"市普查领导小组"），负责全市可移动文物普查的组织和领导，协调解决重大问题。

市普查领导小组下设办公室，办公室设在市文体广电局，负责全市可移动文物普查的具体组织实施和协调工作。主要职责是：

1. 制定《全市第一次全国可移动文物普查实施方案》，编制阶段性工作计划，并做好组织实施工作。

2. 组织参加全市普查人员业务骨干和师资培训班。

3. 配合自治区专家组开展全市可移动文物认定工作。

4. 对全市可移动文物信息采集、登录、报送等普查工作进行指导、督促和检查。

5. 编制普查经费预算，管理并执行市级财政预算，督促落实各县地方财政预算、保证普查工作的顺利实施。

6.开展普查相关的宣传报道。

7.审核、汇总、验收各县普查机构的普查数据。

8.编制并提交《中卫市第一次全国可移动文物普查工作报告》、《中卫市第一次全国可移动文物普查文物名录》，公布普查成果。

（二）县（区）普查组织机构

各县（区）成立相应的可移动文物普查领导小组，负责本行政区普查工作的组织领导，协调解决工作中出现的相关问题。领导小组下设办公室，主要负责本地区文物普查的具体工作，办公室设在文化（旅游、广电）局。主要职责是：

1.根据市普查领导小组办公室制定的实施方案及国家文物局发布的相关标准规范，制定本级普查工作方案和相关制度，组建普查队伍。

2.负责对本行政区内国有单位文物调查、普查登录和普查数据的审核、汇总、上报。

3.落实本级普查经费，分别列入各级地方相应年度财政预算。

4.编制并提交本级普查工作报告、普查名录，公布本级普查成果。

县（区）级普查机构负责建立本行政区内纳入各级普查范围的全部国有单位清单。

（三）成员单位

主要职责是：在市普查领导小组的领导下，各成员单位和有关部门要根据国务院、国家文物局和自治区政府相关文件精神积极组织，动员本部门、本系统的各有关单位通力协作，密切配合文物行政部门共同做好普查工作。

1.提出本部门参加文物普查的工作方案和措施，通知本系统各单位执行。

2.协助文化（文物）行政部门研究解决普查涉及本系统的重要问题，积极提供本系统管辖范围内的文物线索，配合普查队（组）进行调查登记和登录工作。

3.档案部门负责提供全市各级档案馆基本信息以及各馆收藏具有文物价值的档案等可移动文物信息，同时配合文物部门做好文物认定、信息录入等工作。

4.教育部门负责对全市各级公办学校、教育机构收藏的可移动文物进行普查登记，提交本系统国有可移动文物收藏单位信息，以及国有可移动文物普查信息，配合文物部门做好文物认定信息录入等工作。

5.宗教部门要宣传、动员、引导宗教团体和宗教活动场所配合政府做好文物普查工作，积极主动为文物普查创造便利，提供资料。

6.财政部门负责普查经费的安排、使用与管理。

7.各部门协同做好普查文物的安全和保护工作。

（四）普查队（组）

各县（区）成立普查队（组），担负本行政区域内各国有单位文物调查及普查登录工作。

对可移动文物收藏较为集中的邮政、交通、农林、水利等部门，由本部门成立普查队，安排专门人员，配合文物部门做好本系统普查工作。

普查中登记的国有可移动文物受《中华人民共和国文物保护法》的保护。任何部门、单位和个人不得擅自采取有损文物安全的行为。各单位要严格按照相关操作规程进行文物信息的提取，并做好各项预防措施，防止在普查登记中造成文物损坏。普查中涉及的国家秘密，必须履行保密义务。

五、普查时间与实施步骤

（一）普查时间

按照自治区人民政府和区文物局要求，我市的普查工作从 2012 年 10 月开始，到 2016 年 12 月结束，普查的标准时点是 2013 年 12 月 31 日 24 时。

（二）实施步骤

第一阶段：2012 年 10 月至 2013 年 6 月。主要任务是成立各级普查机构，制定和完善普查实施方案，召开普查工作会议，编制并落实经费预算，组织参加业务培训。

第二阶段：2013 年 7 月至 2015 年 12 月。主要任务是以县（区）域为基础开展文物调查，认定和信息数据登录。普查采取边采集、边建档、边整理、边报送、边审核、边登录工作方式进行。建立以县（区）为单元的普查制度和国有单位清单开展调查；根据国家统一规范和技术标准，开展文物认定和文物测量、拍摄、信息数据资料采集和登记，按季度上报普查工作进展情况报告；依照权限审核、汇总、上报普查成果。

第三阶段：2016 年 1 月至 2016 年 12 月。主要任务是普查数据、资料的整理、汇总，数据库建设和公布普查成果，开展检查验收和审核上报，完成相关报告报送工作；公布可移动文物名录和可移动文物收藏单位名录；建立可移动文物编码系统、可移动文物收藏单位编码系统和可移动文物信息管理系统；编制可移动文物普查档案和普查工作报告；完成项目的结项评估等工作。

六、普查中文物认定

可移动文物认定按照国家文物局颁布的《文物认定管理暂行办法》进行，采取查阅资料和现场认定相结合的方式进行。

对于文博系统各专业单位已列入馆藏并有藏品档案的可移动文物，直接进行信息采集，不再进行认定。对文博系统之外的国有收藏单位藏品，由市普查领导小组办公室统一组织认定。认定程序是：

（一）筛选。各级普查办依据全市可移动文物收藏调研情况和各单位前期填写的《文物登记表》和《文物藏品档案》，筛选出疑似文物名单。

（二）认定。市普查领导小组办公室配合自治区专家组对各级普查办筛选出的疑似文物名单按照此次普查文物认定标准进行认定，认定结束后将认定结果上报。

（三）复核。市普查领导小组办公室配合自治区普查领导小组办公室根据普查工作程序进行复核，对存在争议的文物配合自治区专家组进行重新认定，并将复核结果公布。

七、普查经费

此次可移动文物普查所需经费应列入各级财政年度预算，由自治区和县级以上地方各级人民政府分别承担，自治区财政将对文物数量较大的县区给予适当文物普查经费补助。各级普查领导小组及其办公室要按照财政制度规定，加强经费管理，专款专用，确保资金使用的规范、安全、有效，要加强普查设备的登记、使用与管理，防止国有资产流失。

八、普查宣传

市普查领导小组办公室制定全市普查工作宣传方案，经领导小组审定发布后，组织实施。各县（区）普查领导小组办公室根据全市可移动文物普查宣传方案制定本级宣传方案并组织实施。

各地应高度重视普查的宣传工作，根据普查工作各阶段任务确定宣传内容，充分利用广播、电视、报刊和互联网等多种宣传媒体，宣传辖区内可移动文物普查。各级普查办公室要定期编发简报，增进普查工作信息的交流，推广普查经验，通过宣传，提高文物普查的社会认知度和全民文物保护意识，为保证普查工作的顺利进行创造条件。

九、普查总结

普查工作结束后，县（区）以上地方政府应对普查组织、前期调研、业务培训、单位排查、文物调查与认定、数据登录、成果整合等工作进行全面总结，并根据规范要求，编写本行政区域的普查工作报告。市普查领导小组办公室在各县（区）普查工作报告的基础上编制《中卫市第一次全国可移动文物普查工作报告》。

中卫市及两县普查办组成人员名单

1. 中卫市普查办

主　　任：谭河清　　田玉宝

副 主 任：石宇清

成　　员：孙学锋　　宋　浩　　鲁红霞　　张伟宁　　杨正兰　　王海娟

聘用人员：林　恒　　李永祥　　张　云　　杨正秀　　张秀芳　　宋玉兰

　　　　　朱丽莎　　章娟玲　　张　静　　沈龚清

2. 海原县普查办

主　　任：马建东

副 主 任：李晓霞

成　　员：马汉夫　　李成录　　李小龙　　田凤玲　　庞绍兰

3. 中宁县普查办

主　　任：景学杰

副 主 任：董全仁

成　　员：季凤霞　　黄滨鹏　　刘　欣　　程玄娥

二、中卫市第一次全国可移动文物普查相关荣誉和资料

中卫市文物管理所荣获国家"第一次全国可移动文物普查先进集体"

海原县荣获自治区"第一次全国可移动文物普查先进集体"

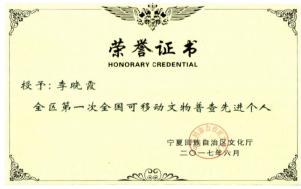

中卫市普查员荣获"全区第一次全国可移动文物普查先进个人"

第一次全国可移动文物普查相关资料

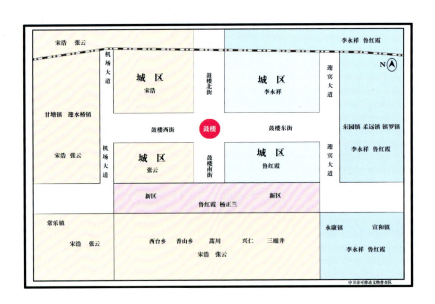

中卫市沙坡头区第一次可移动文物普查国有单位调查片区分布图

三、中卫市第一次全国可移动文物普查工作照片

市县文物管理所普查人员在银川参加普查工作会议

市县文物管理所普查员参加自治区文物局举办的培训

中卫市文物管理所开展全市文博业务培训

宁夏博物馆馆长李进增为全市普查员授课

普查人员野外登记

市普查办指导中宁县文物普查工作

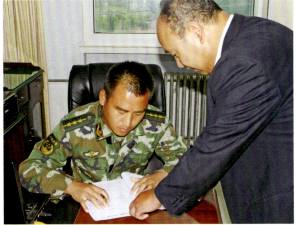

市县普查办普查员在国企单位进行普查登记

国有单位人员填报《文物收藏情况调查登记表》

海原县文物管理所普查员在乡村发放宣传材料　　市普查办普查员在文化广场发放宣传材料

市普查办在市区举办普查宣传暨签名活动

中卫市文物管理所举办
普查成果展览进校园活动

自治区专家组在市县国有单位进行文物认定

市县普查员测量、拍摄、登记文物信息

普查员现场登记碑刻文物信息　　　　　　　普查员在银川进行审核上报

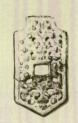

下编

第六章　可移动文物藏品精选

化　石

鱼化石

显生宙

长 25 厘米，宽 13 厘米，高 7 厘米

1984 年采集

中宁县文物管理所收藏

化石头尾部分残缺。

犀牛角化石

显生宙

长 10 厘米，宽 4.5 厘米，高 3.9 厘米

1990 年今中卫市永康镇南山北坡出土

中卫博物馆收藏

黄褐色，牛角尖部残缺。

犀牛牙齿化石

显生宙

长 26 厘米，宽 9 厘米，厚 11 厘米

1990 年今中卫市永康镇南山北坡出土

中卫博物馆收藏

红褐色臼齿，一端残缺。

铲齿象化石

显生宙

高 5 厘米，长 40 厘米，宽 30 厘米

1990 年发掘

中宁县文物管理所收藏

边缘部分呈不规则形，严重残缺。

牛角化石

显生宙

长 39 厘米，中段直径 8 厘米，角根直径 2 厘米

2002 年采集

海原县文物管理所收藏

角尖残缺。

野牛角化石

旧石器时代

三级文物

长 77.5 厘米，厚 4.6 厘米，直径 14.2 厘米，宽 12.4
厘米

2012 年征集

中卫博物馆收藏

棕褐色，角体弯曲，完整。

石　器

石核斧

旧石器时代

三级文物

长 6.5 厘米，宽 5 厘米，厚 3.5 厘米

1984 年今中卫市沙坡头区迎水桥镇一碗泉遗址采集

中卫博物馆收藏

燧石，系多次剥离石叶形成的石核，呈尖锥形。一端为修整的预制台面，器身现多道石叶剥离后形成的棱脊，尖部有使用痕。

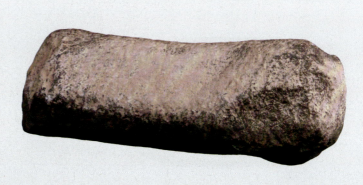

手　斧

旧石器时代

三级文物

长 24 厘米，宽 8.1 厘米，厚 7.4 厘米

1984 年今中卫市沙坡头区迎水桥镇一碗泉遗址采集

中卫博物馆收藏

砂岩，微呈扁长方形，中部磨平，两端有使用痕。

尖状器

旧石器时代

长 7 厘米，宽 3.8 厘米，厚 0.2 厘米

2010 年中卫市沙坡头区宣和镇双井子山北坡下采集

中卫博物馆收藏

石英岩，器型为尖锥体，横切面呈三角形；背部隆凸，有一条脊偏右侧由近端贯穿尖部，尖部居中；右侧修理面窄陡，左侧修理面宽缓，略内凹；锋刃尖锐。

尖状器

旧石器时代

长 8.5 厘米，宽 3.7 厘米，厚 0.8 厘米

2000 年今中卫市沙坡头区迎水桥镇长流水遗址采集

中卫博物馆收藏

深灰色石英岩。由石叶加工而成，器形细长呈柳叶形，中部隆起，有一条脊偏右侧由近端直贯尖部，尖部微偏右；两侧修理面较为平整，内弧刃。

细石核

新石器时代

长 1.9 厘米，宽 0.8 厘米

2004 年中卫市沙坡头区迎水桥镇孟家湾遗址采集

中卫博物馆收藏

红褐色变质岩。形制微呈长椭圆形，为石叶石核类型，石叶打剥修理面痕迹明显。

细石核

新石器时代

共 14 件。长 1.51—3.23 厘米，宽 1.34—3.04 厘米，厚 0.57—2.14 厘米

2013 年中卫市沙坡头区迎水桥镇北长滩遗址采集

中卫博物馆收藏

原料为白云岩、石英岩、变质岩等，器型有柱状、锥状、半锥状、楔形等，打剥加工石叶的修理面痕迹清晰。

石磨盘、石磨棒

新石器时代

共 1 套。盘长 64 厘米，宽 34.5 厘米，厚 3.09 厘米，高 7 厘米；棒长 50 厘米，直径 5.81 厘米

2012 年征集

中卫博物馆收藏

磨盘为青石，器身呈扁平圆角长方形，石面平整光滑，底部置四乳钉足；磨棒为石英岩，呈长棒形，中部微鼓，两端渐收细，打磨光滑。

石 凿

新石器时代

长 5.6 厘米，宽 2.1 厘米

2000 年今中卫市沙坡头区迎水桥镇郑家

小湖北侧采集

中卫博物馆收藏

砾石磨制而成。器形微呈扁长方形，黑灰

色，两侧打磨光滑，斜刃，尾部微折收为柄，

柄中部有细小穿孔。

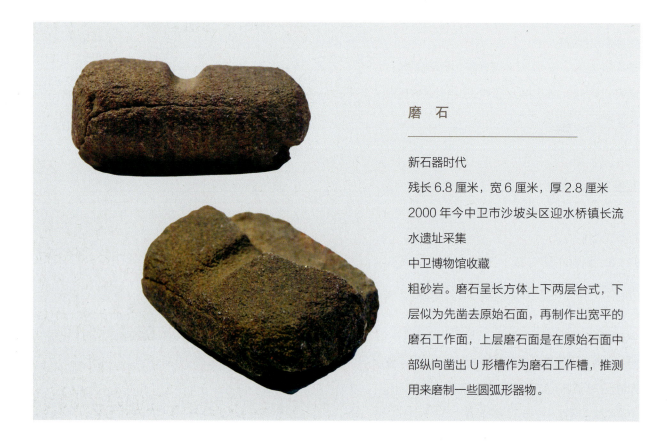

磨 石

新石器时代

残长 6.8 厘米，宽 6 厘米，厚 2.8 厘米

2000 年今中卫市沙坡头区迎水桥镇长流

水遗址采集

中卫博物馆收藏

粗砂岩。磨石呈长方体上下两层台式，下

层似为先凿去原始石面，再制作出宽平的

磨石工作面，上层磨石面是在原始石面中

部纵向凿出 U 形槽作为磨石工作槽，推测

用来磨制一些圆弧形器物。

石　斧

新石器时代

长 10.3 厘米，宽 4.2 厘米，厚 1.8 厘米

2002 年采集

海原县文物管理所收藏

青石琢磨而成。器身扁长，两端圆弧，其中一端磨成双面刃尖。器身表面有剥落、磕损。

石　斧

新石器时代

三级文物

长 17.7 厘米，宽 6.7 厘米，厚 3.5 厘米

1985 年征集

中卫博物馆收藏

青石。器身扁长形，横切面为长椭圆形，一端双面磨光起刃，弧刃。

石　斧

新石器时代

长 10.7 厘米，宽 4 厘米

2000 年征集

中卫博物馆收藏

砾石磨制而成。石斧平面呈圆角长三角形，横截面为六棱形；器身后端略圆鼓，背部起宽平脊直通刃部，左右两侧修理出平整的坡面，前端微内收为圆弧刃。通体磨光。一侧坡面为初加工后未磨光痕迹。

石 斧

新石器时代

长 9.2 厘米，宽 4.8 厘米，厚 1.1 厘米

1992 年征集

海原县文物管理所收藏

青石琢磨而成。斧身呈长舌状，后端宽扁，前端微收薄，两侧边微弧，锋刃圆弧。石质粗糙，磨制不甚精细，刃部有磕损。

石 斧

新石器时代

长 10.5 厘米，宽 4 厘米，厚 1 厘米

2013 年中卫市沙坡头区迎水桥镇北长滩遗址采集

中卫博物馆收藏

石斧是远古时代用于砍伐等多种用途的石质工具，斧体较厚重，一般呈梯形或近似长方形，两面刃，磨制而成，多斜刃或斜弧刃，亦有正弧刃或平刃等。该石斧为砾石磨制而成，平面呈近似长方形，横截面呈扁椭圆形，两面斜弧刃，磨制而成，磨制光滑规整。

石 斧

新石器时代

长 16.3 厘米，宽 6.1 厘米，厚 3.5 厘米

1992 年征集

海原县文物管理所收藏

青石琢磨而成。器形呈长舌状，后端扁圆，前端逐渐收薄为锋刃，两侧边微弧，锋刃圆弧。石面略显粗糙，局部有剥落。

石磨棒

新石器时代

长 9.5 厘米，宽 3.3 厘米，厚 2.9 厘米

2000 年今中卫市沙坡头区迎水桥镇郑家小湖北侧采集

中卫博物馆收藏

粗砂岩。呈圆锥形，上端微细，下端渐粗，通体浑圆光滑，磨痕明显。

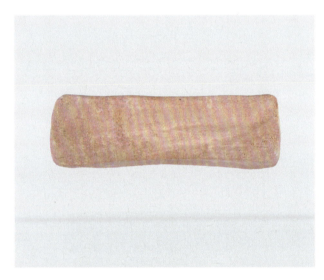

磨　石

新石器时代

长 17.0 厘米，中宽 4.9 厘米，厚 3.9 厘米

1992 年征集

海原县文物管理所收藏

红砂岩。器形呈长方形，中部微有内弧，两端较厚，中部因长期使用变薄，研磨使用痕迹明显。

石磨棒

新石器时代

共 6 件。残长 5.42—13.07 厘米，宽 4.06—4.82 厘米，厚 2—2.21 厘米

2013 年中卫市沙坡头区迎水桥镇沙坡头西南大沟门北侧台地采集

中卫博物馆收藏

共 6 件，以砂岩为原料，经打磨成长扁圆形，质地坚硬，打磨光滑。其中 5 件均已残断。

双孔石刀

新石器时代

长 11.9 厘米，宽 4.9 厘米，厚 0.4 厘米

2002 年采集

海原县文物管理所收藏

页岩琢磨而成。器身呈长方形，直背，中部置双圆孔，
锋刃微弧，双面刃，有使用痕。刀身磨制较光滑，表面
有自然脱落，刃部有磕损。

穿孔石刀

新石器时代

长 6 厘米，宽 3 厘米，厚 0.5 厘米

2012 年李存吉捐赠

中卫博物馆收藏

石刀是史前时期以农业生产为主的多用途工具之一，穿孔石
刀相较于之前的陶刀和无孔石
刀是制作技术上的一个进步，极大地提高了石刀的使用效率。该石刀为青石磨制而成，形
制呈梯形，背部宽平，中部置单孔，刃部微弧，双面刃。石面磨制光滑规整。

石　铲

新石器时代

三级文物

长 7.3 厘米，宽 6.5 厘米，厚 1.2 厘米

2000 年今中卫市沙坡头区香山乡黄泉村沙塘遗

址采集

中卫博物馆收藏

页岩。石铲整体呈凸字形，铲身微呈圆角方形，

边缘加工成刃，不甚规则；一端为长方形柄。

石　铲

新石器时代

长 9 厘米，宽 4 厘米，厚 0.9 厘米

2000 年今中卫市沙坡头区迎水桥镇郑家小湖北侧采集

中卫博物馆收藏

页岩。器身扁平，呈长椭圆形，前端微宽圆，刃部稍作修理。磨制较为粗糙。

穿孔石纺轮

新石器时代

直径 7.32 厘米，孔径 2.09 厘米，厚 2.91 厘米

2012 年李存吉捐赠

中卫博物馆收藏

石英砂岩。器型呈扁圆形，中部穿孔。

石　球

新石器时代

直径 3.4—4.4 厘米

2013 年中卫市沙坡头区迎水桥镇北长滩遗址采集

中卫博物馆收藏

石英粗砂岩。呈圆球形，琢磨而成，器体较小。

石网坠

新石器时代

长 5.8 厘米，宽 1 厘米，厚 0.5 厘米

2013 年中卫市沙坡头区迎水桥镇北长滩遗址采集

中卫博物馆收藏

石网坠是远古人类进行渔猎生活的重要工具之一，有多种材质和多种形制。该网坠由页岩琢磨而成，呈扁长条形，一侧平直，一侧微弧，一端加工出系绳用深槽。石网坠在北长滩遗址的采集为远古时期人类在本地的生活方式提供了宝贵的信息。

刮削器

新石器时代

长 2.4 厘米，宽 1.6 厘米，厚 0.3 厘米

2000 年今中卫市沙坡头区迎水桥镇长流水遗址采集

中卫博物馆收藏

燧石。选用石片为毛坯加工而成。器形呈指甲形圆头状，圆弧状刃缘，双面刃。

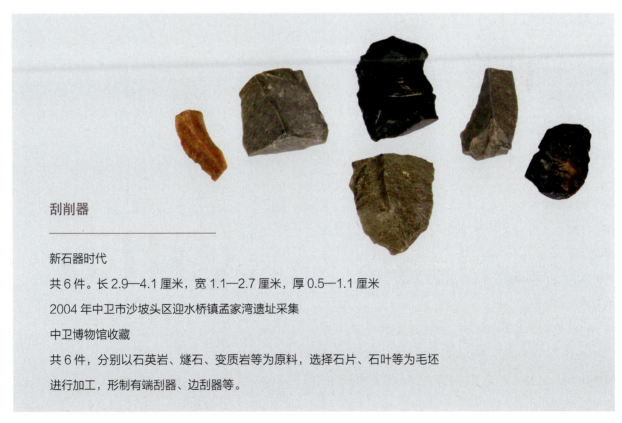

刮削器

新石器时代

共 6 件。长 2.9—4.1 厘米，宽 1.1—2.7 厘米，厚 0.5—1.1 厘米

2004 年中卫市沙坡头区迎水桥镇孟家湾遗址采集

中卫博物馆收藏

共 6 件，分别以石英岩、燧石、变质岩等为原料，选择石片、石叶等为毛坯进行加工，形制有端刮器、边刮器等。

尖状器

新石器时代

长 7.3 厘米，宽 3.7 厘米，厚 0.9 厘米

2000 年今中卫市沙坡头区迎水桥镇郑家小湖北侧采集

中卫博物馆收藏

深灰色石英岩。选用石叶为毛坯加工而成。器形呈树叶形，一条脊线由近端偏左直贯远端，锋刃位于脊线右侧；近端修理出一较狭的柄部，两侧腹面坡面规整，右侧修理成直刃，左侧修理成弧状凸刃，两刃混合为尖锐的前锋。

穿孔石串珠

新石器时代

共 8 件。直径 0.5 厘米，孔径 0.2 厘米，厚 0.1 厘米

2013 年中卫市沙坡头区迎水桥镇北长滩遗址采集

中卫博物馆收藏

器物共 10 件，分别以石英岩、页岩、蛋壳化石为原料磨制而成，形制相同，均呈圆环形，直径、厚度有别。穿孔、打磨均较为规整。

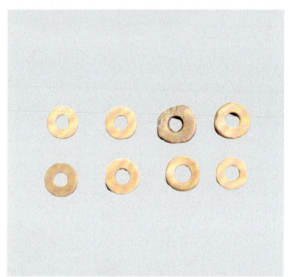

细石叶

新石器时代

共 14 件。长 1.5—4.6 厘米，宽 0.3—1.2 厘米，厚 0.2—0.4 厘米

2013 年中卫市沙坡头区迎水桥镇北长滩遗址采集

中卫博物馆收藏

共 14 件，分别以石英岩、燧石、玛瑙石为原料，从石核上打剥成形状不同的石叶，有长条形、树叶形、三角形等，背部多有纵脊，边缘有平行、准平行和微弧形的区别，体形轻薄，质地坚硬。

带孔砺石

东周

长 6.9 厘米，宽 1.8 厘米，厚 1.6 厘米

1998 年今中卫市沙坡头区香山乡黄泉村沙塘墓葬

盗掘后收缴

中卫博物馆收藏

砂岩磨制而成。通体光滑。器身呈圆角长条形，

中部微外弧，尾部置圆穿孔。制作规整，磨制精细。

带孔砺石

东周

长 6 厘米，宽 1.4 厘米，厚 0.8 厘米，穿径 0.7

厘米

1987 年今中卫市沙坡头区永康镇双达村出土

中卫博物馆收藏

青石磨制而成。器形呈长条形，圆角，后端尾部置

圆穿孔，磨砺痕迹不明显，前端扁平微宽，为磨砺

金属工具的主要台面，两面均有使用痕迹。

墨锭

汉代

一级文物

直径 2.3 厘米，高 0.8 厘米

1987 年今中卫市沙坡头区常乐镇李营汉墓出土

中卫博物馆收藏

墨锭作为书画类用品使用，是传统文房四宝之一。中国古墨的制作久远，汉代是制墨关键时期，以松烟墨为主，其中考古资料证实，墨锭的制作始于西汉。受技术条件限制，当时的墨体积小，质地松散，不易长久保存，因此汉代墨锭有着很高的历史价值和工艺价值。这件墨锭呈黑灰色，圆饼形，平底，直腹，沿部一周凸棱，顶部呈圆拱形。素面。

圆雕树纹方形研磨器

汉代

直径 3 厘米，高 1.5 厘米，底边长 3 厘米

1990 年今中卫市沙坡头区镇罗镇张家山汉墓出土

中卫博物馆收藏

青石琢磨雕刻而成。器身正方形，上置圆钮，圆钮顶部施红彩，其上圆雕颠倒的两棵树纹。

研磨板

汉代

长 12 厘米，宽 5 厘米，厚 0.8 厘米

1990 年今中卫市沙坡头区镇罗镇张家山汉墓出土

中卫博物馆收藏

平面呈长方形，切割规整，打磨光滑。

石菩萨像

宋代

三级文物

高 40 厘米，宽 11 厘米

2012 年征集

中卫博物馆收藏

青灰色砂岩质。菩萨头戴宝冠，面相方圆，弯眉、细目、
高鼻，圆形背光。颈戴联珠纹项饰，肩搭披巾，下着
长裙。左腿盘于腹前，右腿下垂，跣足踏于一仰莲台上，
半跏趺坐于高台须弥座上，座下为覆莲台。左臂下垂，
手置于左膝上，右臂从肘部上屈，手施无畏印。

双龙纹石碑额

元

三级文物

高 60 厘米，宽 57 厘米，厚 20 厘米

1990 年征集

中卫博物馆收藏

碑额雕刻二龙戏珠，两侧分别雕两个头部并排向下的龙首，
四周为环绕的龙身，前后两面上下各有两个龙爪，上部龙爪
向上呈戏珠状，下部龙爪向下缠龙尾，中部刻云气纹。

"大明景泰岁次壬申奉佛信士贾拳"题款石础座

明代

三级文物

高 49 厘米，底径 34 厘米，孔径 11 厘米

1981 年石空大佛寺石窟发掘

中宁县文物管理所收藏

红砂岩，圆雕。底部为八棱四层台式须弥座，每层立面均饰
卷云纹；顶部为球形莲瓣纹础座，顶端置圆形卯眼。

圆雕石卧羊

清代

三级文物

共4件。其一长94厘米，宽56厘米，高45厘米；其二长91厘米，宽42厘米，高50厘米；其三长84厘米，宽48厘米，高49厘米；其四长86厘米，宽48厘米，高43厘米

1988年采集

中卫博物馆收藏

四羊均呈俯卧状，跪伏于长条形石座上，体态丰满，四肢屈收，尾部紧贴身体，双耳下垂，头部或前倾，或侧转，身体曲线圆润流畅，体态生动逼真，将羊的温顺和静态完全刻画出来。

乾隆年刘公墓神道石人立像

清代

三级文物

共2件。其一残高105厘米，宽44厘米，厚43厘米；其二残高90厘米，宽45厘米，厚31厘米

2013年采集

中卫博物馆收藏

立像砂岩质。头缺失。

石雕猴顶灯

清代

三级文物

高 38 厘米，宽 13 厘米，厚 13 厘米

1987 年征集

中宁县文物管理所收藏

砂岩，圆雕。方座，其上蹲踞一猴，双臂前屈上
举一浅圆盘灯碗。

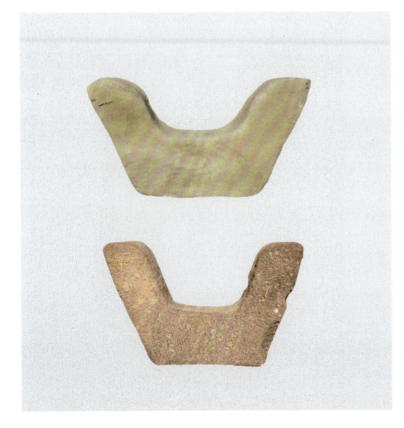

元宝形压布石

清代

三级文物

共 2 件。长 63—108 厘米，宽 27 厘米，
高 70 厘米

2013 年惠树胜捐赠

中卫博物馆收藏

压布石是古代染布作坊用于碾整染布成品
的特有工具，由上、下两部分组成。下部
为承石，以承托布轴，上部为压布石，用
于碾压布轴以增加染布的平整和光泽等。
这 2 件压布石底部扁平，两端翘起，中部
为 U 形凹槽，因形似元宝，又称元宝石。

"吉""福"座圆雕彩绘对狮

清代

共2件。高22厘米，长13厘米，宽8厘米

旧藏

高庙保安寺收藏

狮子的形象始于汉代，并随着佛教的传入融入中国传统文化中，被赋予神力和灵性，被广泛置于官衙庙堂、豪门巨宅、园林庭院等场所，成为镇宅护卫的瑞兽，其造型历经千年发展，到清代也基本定型。这两只狮子为雌雄对狮。两狮屈后腿，前腿伸直，分别立于刻有"吉""福"二字的方形座上，体型矫健，头大脸阔，鬓髦卷曲，目圆嘴大，颈悬响铃。雌狮左前脚下有一幼狮仰卧作嬉戏状，雄狮右前脚踩一绣球。造型美观大气，雕琢质朴，威猛之余又显更多质朴和萌态。

石 猴

清代

高32厘米，宽15厘米，厚19厘米

2010年中卫市沙坡头区香山乡深井村南100米方神庙采集

中卫博物馆收藏

砂岩，圆雕。猴四肢收拢，呈坐立状，身体前倾，头部正向前方，双目前视，右臂抬起抵在下巴，形态憨态可掬。

松鹿图石刻

清代

长 87 厘米，宽 63 厘米，厚 13 厘米

1986 年捐赠

中卫博物馆收藏

红砂岩。平面呈长方形，正面两侧浮雕
两棵古松，中部浮雕山岩和鹿，寓意"福
禄""长寿"。

马鸿逵题刻"振威"石匾

中华民国

三级文物

长 160 厘米，宽 69 厘米，厚 15 厘米

2008 年发掘

中卫博物馆收藏

匾为青石质，呈横长方形，正面阴刻楷书"振威"二字，匾尾阴刻竖排题记"马鸿口题"四字，其中一字
模糊不清。

朱红砂书"武作山河□券□"
八卦纹墓志方砖

宋代

长 31 厘米，宽 29.7 厘米，厚 4.4 厘米

2012 年发掘

海原县文物管理所收藏

墓砖方形。正面黑色底上，以朱砂色书写文
字及装饰图案。砖中部饰细线方框套细线圆
圈纹图案，圈内绘"坤"纹。方框上部及侧
边书写文字，内容为"武作山河□券□"等。

万历二年竹叶纹诗词石碑

明代

二级文物

高 155 厘米，宽 78 厘米，厚 13 厘米

1980 年旧藏

海原县西安镇西安州城址马王庙收藏

碑身长方形，圆拱形顶，底座缺失。碑面
阴刻两杆竹枝纹，旁边有诗词题刻，落款
万历二年。

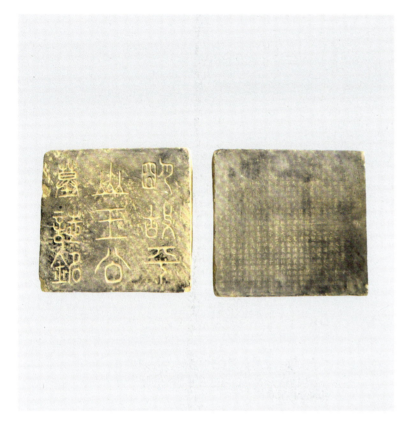

平山王公墓志铭

明代

共 2 件。盖长 42 厘米，宽 42 厘米，厚 8 厘米；底长 42 厘米，宽 42 厘米，厚 7 厘米

1990 年发掘

中宁县文物管理所收藏

青石质，为完整的一盒。盖呈方形，碑面阴刻竖排篆体三字三行碑文，内容为"明故平山王公墓志铭碑"；底为正方形，碑面阴刻竖排楷体碑文，内容记述王公生平事迹。

万历二十六年"天都山"铭石碑

明代

二级文物

高 170 厘米，宽 82 厘米，厚 11.7 厘米

1982 年旧藏

海原县西安镇天都山石窟（道观）收藏

青石质。碑座方形，碑身长方形，上置圆拱形碑额。碑身阴刻竖排楷体碑文，内容记述"天都山"铭相关内容，落款万历二十六年。碑面磨损，部分文字漫漶不清。

康熙宁夏副总兵督佥事拖沙喇哈查
疏通中卫水利工程功德石碑

清代

二级文物

高 158 厘米，宽 70 厘米，厚 15 厘米

1986 年采集

中卫博物馆收藏

该碑为清康熙时期宁夏副总兵督佥事拖沙喇哈查带领军民疏通中卫水利工程功德碑，为研究和展示清代卫宁平原引黄灌溉水利开发建设史迹提供了重要史料，具有很高的历史价值。碑为粗砂石质，碑座、碑额均已缺失。碑身呈长方形，饰弦纹边框，框内阴刻竖排碑文，记述拖沙喇哈查带领军民疏通中卫水利工程相关信息，碑文字迹浅显，部分漫漶不清。

康熙年英增耀修□美利渠坝
委官勤劳功德记石碑

二级文物

高 180 厘米，宽 61 厘米，厚 18 厘米

1986 年拣选

中卫博物馆收藏

碑为砂岩质，已断为四块。碑身呈上圆下方长方形，碑文为清康熙年间英增耀修建美利渠坝相关事迹及功德颂扬碑记。2017 年宁夏引黄古灌区成功申报世界灌溉工程遗产，卫宁平原引黄灌溉历史悠久，是宁夏灌溉工程遗产的重要组成部分。此功德碑承载着中卫引黄灌溉发展历史信息，具有很高的历史价值。

康熙八年

"修建西山寺玉皇洞"石碑

———————————————

清代

三级文物

碑高 230 厘米，碑宽 81.3 厘米，碑厚 10
厘米，座长 87 厘米，座宽 45 厘米，座高
38 厘米

1982 年旧藏

海原县西安镇天都山石窟（道观）收藏

方形碑座，长方形碑身，上置圆拱形碑额。
碑身阴刻竖排楷体碑文，题名"修建西山
寺玉皇洞"，内容记述修建西山寺玉皇洞
相关情况，落款康熙八年。碑额中部阴刻
竖排题记，两侧浮雕花卉纹装饰。

雍正十二年

"重修香岩寺碑记"石碑

———————————————

清代

三级文物

高 205 厘米，宽 75 厘米，厚 13 厘米

旧藏

香岩寺收藏

碑为砂石质，方形碑座，长方形碑身，上
置圆拱形碑额。碑面阴刻竖排碑文，内容
记述雍正十二年香山香严寺重修信息。碑
面文字漫漶不清。

乾隆三年"重修香山香岩禅寺碑记"碑

清代

三级文物

高 178 厘米，宽 46 厘米，厚 12 厘米

旧藏

香岩寺收藏

碑为砂石质，长方形碑身，碑面阴刻竖排碑文，内容记述乾隆三年香山香岩禅寺重修相关信息。碑座为正方形，立面浮雕荷莲纹装饰。碑座、碑身均有磕损缺失，碑面文字部分漫漶不清。

乾隆年昭武大夫刘树远墓碑

清代

三级文物

碑高 167 厘米，宽 65 厘米，厚 16 厘米；碑座长 77 厘米，宽 51 厘米，高 50 厘米

2013 年采集

中卫博物馆收藏

青石质，由碑座、碑身、碑额三部分组成。碑座为长方体，中部置卡槽，立面浮雕花卉纹；碑身呈长方形，碑面阴刻竖排楷书碑文数行，内容记述墓主人碑名及生卒信息；碑额呈正方形，中部框内镌刻"皇清"二字，四周浮雕双盘龙纹。

乾隆年荣禄大夫刘桂亭夫妇合葬碑

清代

三级文物

碑高 164.5 厘米，宽 68.5 厘米，厚 13.5 厘米；座长 74 厘米，高 43 厘米，宽 48 厘米

2013 年采集

中卫博物馆收藏

青石质，由碑额、碑身、碑座三部分组成。碑座呈长方体，中部有卡槽，立面浮雕花卉纹装饰；碑身呈长方体，立于卡槽上，碑面阴刻竖排楷书碑文，内容记述荣禄大夫刘桂亭夫妇碑名及生卒信息；碑额呈正方形，中部框内镌刻"皇清"二字，四周浮雕双龙盘绕纹饰。

乾隆年淑人何老夫人墓碑

清代

三级文物

碑身高 212 厘米，宽 67 厘米，厚 18 厘米；碑座长 70 厘米，宽 52 厘米，高 46.5 厘米

2013 年采集

中卫博物馆收藏

青石质。碑座呈长方体，中部置卡槽，立面浮雕花卉纹；碑身呈长方体，碑面阴刻竖排楷书碑文，内容记述墓主人碑名及生卒信息；碑额呈正方形，中部框内镌刻隶书"皇清"二字，四面浮雕双龙盘绕纹饰。

乾隆十八年武略骑尉
张氏夫妇合葬碑

———————————

清代

三级文物

高 205 厘米，宽 70 厘米，厚 23 厘米

2003 年采集

中卫博物馆收藏

碑为粗砂石质，表面粗糙，颜色浅白。碑
身呈长方形，碑文阴刻竖排，笔画细浅。
据碑文可知，该碑为武略骑尉张氏夫妇合
葬碑，立于清乾隆十八年。现碑座缺失，
碑首缺损。

乾隆刘公大夫石牌坊构件

———————————

清代

三级文物

共 3 件。其一长 184 厘米，宽 36 厘米，
厚 13 厘米；其二长 208 厘米，宽 33.5
厘米，厚 33.5 厘米；其三长 205 厘米，
宽 37 厘米，厚 34 厘米

2013 年采集

中卫博物馆收藏

砂岩，平板坊，残存 3 件，平面呈长方形，
一端为榫头，另一端有的有卯眼。

道光元年"大重修天都山"石碑

清代

三级文物

碑高 138.5 厘米，碑宽 68 厘米，碑厚
11.8 厘米，座长 65 厘米，座宽 44 厘米，
座高 34 厘米

1982 年旧藏

海原县西安镇天都山石窟（道观）收藏

方形碑座，侧边浮雕莲花纹；长方形碑身，
上置圆拱形碑额，碑身断为两段，经粘复
完整。碑文记述"大重修天都山"相关内容，
落款道光元年。

道光十一年□□寺功德碑

清代

三级文物

高 119 厘米，宽 69 厘米，厚 16 厘米

1987 年采集

中卫博物馆收藏

碑为粗砂石质，碑座已缺失。碑身呈长方
形，碑文阴刻竖排楷书体，内容为道光
十一年□□寺功德碑记。

道光二十四年□□寺庙碑记石碑

清代

三级文物

碑高 179 厘米，宽 67 厘米，通高 236 厘米；
碑座长 74 厘米，宽 47 厘米，高 57 厘米

1987 年采集

中卫博物馆收藏

碑为青石质，由碑座、碑身、碑额三部分组成。碑座为长方体，立面镌刻瑞兽图；碑身呈长方形，碑文阴刻竖排，内容为道光二十四年立□□寺庙建造、修缮等内容的碑记；碑额为圆拱形，浮雕双龙戏珠纹饰。碑底座一角有缺损，碑面部分字迹脱落。

道光年刘老孺人墓碑

清代

三级文物

高 171 厘米，宽 60 厘米，厚 19 厘米

1986 年采集

中卫博物馆收藏

青石质。碑身呈长方形，碑面阴刻竖排碑文，内容记述墓主人碑名及生卒信息；碑额呈圆拱形，额表浮雕双龙戏珠，中部边框内镌刻篆书"积厚流光"四字。碑座缺失。

道光重修新墩庙碑记石碑

清代

三级文物

高 216 厘米，宽 109 厘米，厚 17 厘米

1986 年拣选

中卫博物馆收藏

青石质。碑身长方形，横长方形碑额。碑文楷体
阴刻，记述道光年间重修新墩庙的相关内容；碑
额两侧浮雕相对的龙纹，中上部一阳文"寿"字，
中下部阳文"山柏题明"四字。碑纵向断裂，碑
座缺失；部分碑文脱落。

同治武庙别院种花木记石碑

清代

三级文物

高 190 厘米，宽 73 厘米，厚 14 厘米

1978 年采集

中卫博物馆收藏

碑长方形，局部有裂纹，碑身中间凿一深槽，
碑座缺失。碑文阴刻，记述同治年间武庙
别院花草树木相关内容。

黄鼎题刻"表忠塔"铭文碑

清代

二级文物

高 170 厘米，宽 69 厘米，厚 14 厘米

2009 年征集

中卫博物馆收藏

碑呈长方形，正面竖刻楷书"表忠塔"三字，左侧竖刻"蜀军统领陕西陕安道黄鼎题"落款；背面横刻"胜金关"三字，为民国时期马鸿逵题字。碑座缺失。

□公修中卫美利渠勤劳碑记石碑

中华民国

二级文物

碑高 140 厘米、宽 53 厘米、厚 17 厘米，碑首高 52 厘米、宽 52 厘米、厚 14 厘米

1987 年采集

中卫博物馆收藏

粗砂岩。碑下部有裂缝，字迹脱落。碑座缺失。

玉　器

单孔玉刀

新石器时代

背宽 3.8 厘米，刃宽 9.5 厘米

2011 年征集

中卫博物馆收藏

玉料呈黑色，间有灰色沁；体呈扁平长梯形状，背窄厚，肩背处凿单圆孔，两面穿钻而成；刃微呈弧形，两面磨平。

玉　璧

新石器时代菜园文化

一级文物

直径 25.8 厘米，孔径 5.8 厘米，厚 11 厘米

1984 年征集

海原县文物管理所收藏

玉璧呈扁平圆形，黄褐色，有杂斑，内边沿在切割磨制时微有磕损，璧面光滑规整。

青玉玉琮

新石器时代菜园文化

一级文物

高 12 厘米，宽 9.5 厘米，孔径 10 厘米

1984 年征集

海原县文物管理所收藏

玉琮是古代用于祭祀神祇的一种礼器，也是权势和财富的象征。该玉琮器身呈外方内圆筒状，两端出沿，青绿色，素面无纹，沁色厚重。器身有裂纹，口沿有豁口。

乳松石圆管饰

新石器时代

直径 0.45 厘米，高 0.38 厘米，孔径 0.17 厘米

1992 年征集

海原县文物管理所收藏

乳白色，磨制；短圆管状，中部一穿孔；素面，光滑。

玛瑙珠

东周

直径 0.7 厘米，穿径 0.2 厘米

1987 年今中卫市沙坡头区永康镇双达村出土

中卫博物馆收藏

红色，腰鼓形，上下对穿孔，侧面中间起脊，色泽光亮。

绿松石珠

战国

长 0.9—1.5 厘米，宽 0.8—1.3 厘米，孔径 0.05—0.2 厘米

1982 年杨志荣捐赠

中卫博物馆收藏

共 5 颗，均呈不规则柱形，中间一穿孔；呈绿色、黑褐色、灰白色等，器表光滑。

穿孔绿松石

战国

长 0.6—1.1 厘米，宽 0.5—1.3 厘米，孔径 0.1—0.2 厘米

1982 年杨志荣捐赠

中卫博物馆收藏

共 6 颗，均呈不规则扁柱体，中间有穿孔；分别呈深浅不同的绿色、灰色等，有斑痕。

青白玉鸭

汉代

长 1.7 厘米，高 1 厘米，厚 0.4 厘米

1987 年今中卫市沙坡头区镇罗镇张家山汉墓出土

中卫博物馆收藏

玉料呈青白色，有包浆；鸭昂首，双翅收拢，呈悠闲凫水状；双翅间置对穿圆孔。

三璜式玉瑗

汉代

外径 6 厘米，缘宽 2 厘米，壁厚 0.2 厘米

2012 年李存吉捐赠

中卫博物馆收藏

玉料呈深绿色，由三件两端各有一个穿孔的璜组合而成，外表光滑。

青白玉杯

清代

高 7 厘米，口径 6 厘米，壁厚 0.3 厘米，底径 4.6 厘米。

1986 年征集

中卫博物馆收藏

玉杯直口，深直腹，矮圈足，小平底；素面。

浮雕鸭纹青玉烟嘴

清代

三级文物

高7厘米，孔径0.2厘米，厚0.4厘米

1997年征集

中卫博物馆收藏

玉料呈黄白色；体似瓶形，中空；一侧腹部浮雕一长嘴鸭，呈凫水状。

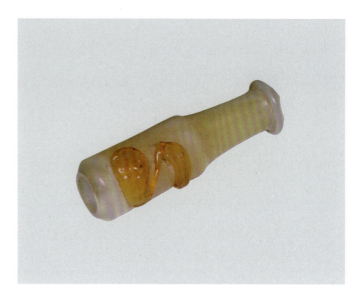

玉雕母子猴

清代

高6.5厘米，宽3厘米，厚2厘米

1998年征集

中卫博物馆收藏

白玉中泛青；圆雕。一猴呈坐姿，身体后倾，头部微侧，双臂环抱一小猴，小猴俯身趴在母猴身上，头部紧靠母猴肩部。母子猴憨态可掬，嬉戏之态跃然而出。雕刻风格简洁质朴。

猫形玉带钩

清代

长7厘米，宽2厘米，厚1.5厘米

1998年收缴

中卫博物馆收藏

共2件。玉料白中泛青；圆雕。猫呈昂首直立怀抱壁虎状，背部正中分别置一圆形钮。其中一件下端残缺。

骨　器

骨　锥

新石器时代，齐家文化

长 8.9 厘米，尾宽 1.9 厘米，直径 1.2 厘米

1992 年征集

海原县文物管理所收藏

骨质。呈尖锥形，中空，通体磨制光滑，尾部残缺，可见残留的穿孔。

网格纹骨刀

新石器时代

长 21 厘米，最宽 3 厘米，刃厚 0.1 厘米

2012 年胡源捐赠

中卫博物馆收藏

器身呈竹叶状，背平直微弧，弧刃，锋刃锐尖，尾部有收细的柄。刀身绘刻网格纹。

贝　币

东周

共 11 枚。长 1.5—2.5 厘米，宽 1—1.5 厘米

2012 年征集

中卫博物馆收藏

11 枚贝币大小、色泽有区别，形态基本相同，贝背面磨光，侧面微鼓凸，贝齿多为 11 和 12 齿，多数无穿孔，为春秋战国时期常见的"磨背式货贝"。

骨 针

东周

三级文物

长 3.9—7.6 厘米

1987 年今中卫市沙坡头区永康镇双达村出土

中卫博物馆收藏

骨质。出土时针长短粗细不同，装在铜针筒里。针身细长，顶端锐尖；针筒呈长筒形，一端有细小穿孔。

骨节约

东周

长 4.2 厘米，宽 1.7 厘米；孔径长 1.2 厘米，宽 0.4 厘米

1987 年今中卫市沙坡头区永康镇双达村出土

中卫博物馆收藏

略呈圆角长方形，一端微宽，一端微窄，中部靠宽的一端置横长方形对穿孔。表面磨制光滑。

铲形骨节约

东周

长 4.1 厘米，上宽 1.9 厘米，下宽 3.3 厘米

1987 年今中卫市沙坡头区永康镇双达村出土

中卫博物馆收藏

骨质。器身呈马蹄形，前端扁平宽圆，后端内收为半筒形，器身中部置长方形对穿孔。器表磨制光滑。

骨 环

東周

直径 0.5 厘米，孔径 0.1 厘米，厚 0.2 厘米

1987 年今中卫市沙坡头区永康镇双达村出土

中卫博物馆收藏

器物呈扁圆形，中部置对穿孔，磨制光滑规整。

骨 勾

東周

共 2 件。长 3.7 厘米，宽 2.1 厘米，厚 1 厘米

1987 年今中卫市沙坡头区永康镇双达村出土

中卫博物馆收藏

该器物呈"S"形，磨光，正面微鼓，背面两头较薄，
中间置穿孔。

骨 扣

東周

通长 5.1 厘米，厚 0.5 厘米

1987 年今中卫市沙坡头区永康镇双达村出土

中卫博物馆收藏

骨质。呈不规则双环形，扣环为扁大圆环，中部椭圆
形穿孔，边缘置一半穿孔，扣柄为扁棱形环，上下两
缘尖凸，中部置长方形穿孔。器形规整，磨制精细美观。

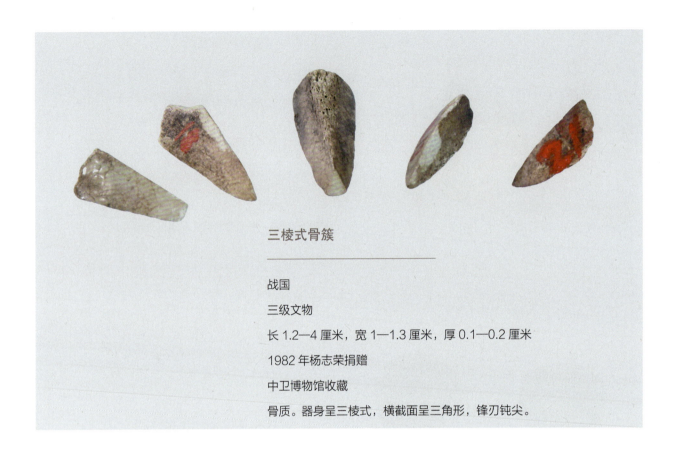

三棱式骨簇

战国

三级文物

长 1.2—4 厘米，宽 1—1.3 厘米，厚 0.1—0.2 厘米

1982 年杨志荣捐赠

中卫博物馆收藏

骨质。器身呈三棱式，横截面呈三角形，锋刃钝尖。

鸟纹骨扳指

汉代

直径 2.4 厘米，高 1.8 厘米，壁厚 0.2 厘米

1987 年今中卫市沙坡头区常乐镇李营汉墓出土

中卫博物馆收藏

骨箍呈黄褐色，圆筒状，中空，两端微弧，器身磨制光滑，外壁阴刻鸟纹。

陶器、泥塑

双耳彩陶罐

新石器时代马家窑文化

三级文物

高 27.5 厘米，口径 9.3 厘米，底径 9.5 厘米

1984 年征集于曹洼遗址

海原县文物管理所收藏

泥质橙黄陶。侈口，束颈，溜肩，深弧腹，平底，双腹耳。颈及上腹施黑彩。口沿外纹饰模糊不清，肩部饰四圈平行细条带纹，上腹饰一周多线连弧纹，下腹饰四周平行的宽带纹。

双耳草叶水波纹彩陶罐

新石器时代马家窑文化

三级文物

高 34.2 厘米，口径 11 厘米，腹径 28.9 厘米，底径 12.3 厘米

1984 年征集于曹洼遗址

海原县文物管理所收藏

泥质橙黄陶。侈口，束颈，斜溜肩，鼓腹，平底，双腹耳。颈及上腹施黑彩。口沿外饰宽带纹，肩腹部分饰三组双弦纹，中部两主纹区分饰连续草叶纹和水波纹。口沿微残，一耳残断。

红陶盆

新石器时代菜园文化

高 8.7 厘米，口径 17.5 厘米，底径 8 厘米

1992 年征集

海原县文物管理所收藏

泥质红陶。侈口，折沿，圆唇，折腹，平底。器身饰斜向绳纹；有两道贯通裂纹。

彩陶盆

新石器时代菜园文化

三级文物

高 10.5 厘米，口径 22 厘米，底径 10 厘米

1992 年征集

海原县文物管理所收藏

泥质红陶。侈口，卷沿，弧腹，平底。素面。口沿不甚规整。器身有两个修补铜孔。

灰陶盆

新石器时代菜园文化

高 11.1 厘米，口径 25.6 厘米，底径 10 厘米

1992 年征集

海原县文物管理所收藏

泥质灰陶。敞口，方唇，斜直腹，平底。用泥条盘筑而成，内壁抹光，外壁残留泥条盘筑痕迹。外壁底部饰斜向绳纹。

灰陶豆

新石器时代菜园文化

高 8.1 厘米，口径 18.5 厘米，底径 12 厘米

1992 年征集

海原县文物管理所收藏

泥质灰陶，豆盏敞口，圆唇，斜直腹，豆柄中空，足部外撇。豆盏外侧饰有斜向篮纹，余皆素面。

灰陶豆

新石器时代菜园文化

高 20.8 厘米，口径 22.2 厘米，底径 16.3 厘米

1992 年征集

海原县文物管理所收藏

泥质灰陶。豆盏呈不规则盏状，敞口，尖圆唇，豆柄中空，器身有三角形孔洞，足部呈倒置碗状。豆盏外侧饰横向篮纹，余皆素面。口沿局部残缺。

双耳彩陶罐

新石器时代菜园文化

三级文物

高 10 厘米，口径 10 厘米，腹围 39 厘米，底径 6 厘米

1998 年征集

中卫博物馆收藏

泥质红陶。侈口，粗长颈，下腹外鼓，小平底；颈部置对称双耳；施黑彩，口沿内饰水波纹、圆点纹，器身分施几何纹、叶脉纹。口沿磕损。

双耳彩陶罐

新石器时代菜园文化

三级文物

高 10.5 厘米，口径 9 厘米，腹围 42 厘米，底径 7 厘米

1998 年征集

中卫博物馆收藏

泥质红陶。口微侈，束颈，溜肩，鼓腹，平底；颈部置对称双耳；施黑紫双彩，口沿内侧有一周紫彩，其下有黑彩斜条纹，颈部饰有上下错位对称的锯齿纹，腹颈相连处用一周紫彩将颈腹分开，腹部有圆点和圆圈组成的日形纹，其余区域通体施黑彩。口沿局部磕损。

双耳彩陶罐

新石器时代菜园文化

三级文物

高 14 厘米，口径 10.5 厘米，腹围 44 厘米，底径 6 厘米

1998 年征集

中卫博物馆收藏

泥质红陶。侈口，束颈，鼓腹，小平底；颈肩部置对称双耳；施黑红双彩，沿内有一周红彩，其下饰黑彩弧线纹，颈部及器身分饰大小不等网格纹；口沿局部缺损。

旋卷锯齿纹双耳彩陶罐

新石器时代菜园文化

二级文物

高 35.7 厘米，口径 9.8 厘米，底径 14 厘米

2004 年移交

海原县文物管理所收藏

泥质橙黄陶。侈口卷沿，束颈，斜溜肩，鼓腹，平底，双腹耳。颈及上腹施红、黑彩。颈部饰两层条纹加连续三角纹，肩腹部以红、黑两彩相间的锯齿纹为骨架，绘制四组连续的漩涡纹，漩涡中心饰大圆圈纹，圆圈中饰一交叉线纹。下腹饰一周条带纹接一周连弧纹。器表打磨光滑，纹饰古朴典雅。

旋卷锯齿纹双耳彩陶罐

新石器时代菜园文化

三级文物

残高 34 厘米，底径 13 厘米，口径 10.5 厘米

1984 年征集

海原县文物管理所收藏

泥质橙黄陶。口沿残缺，丰肩，圆鼓腹，腹下急收，小平底，双腹耳。通体施红、黑彩。肩腹部绘四个大圆圈内填菱形网格纹，外间饰锯齿纹和漩涡纹，下腹绘一周弦纹。纹饰优美典雅，大气古朴。口颈缺失。

双耳彩陶壶

新石器时代菜园文化

高 40 厘米，口径 13.5 厘米，腹围 120 厘米，底径 13 厘米

1998 年征集

中卫博物馆收藏

泥质红陶。口微侈，圆唇，矮直颈，溜肩，鼓腹，下腹急收为小平底；腹部置对称双耳；颈肩部施一圈堆纹，器身施黑彩条带纹、连弧纹等。

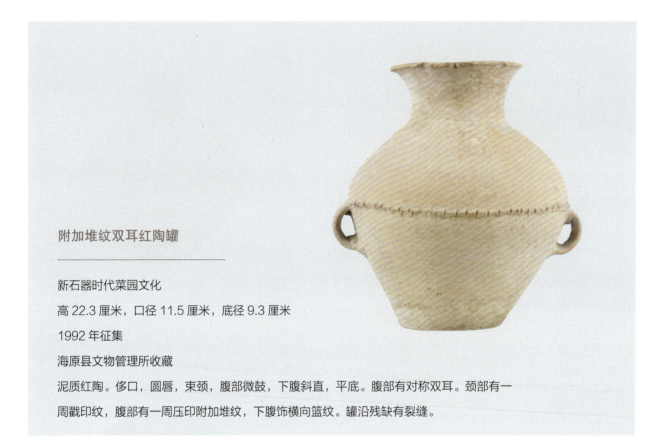

附加堆纹双耳红陶罐

新石器时代菜园文化

高 22.3 厘米，口径 11.5 厘米，底径 9.3 厘米

1992 年征集

海原县文物管理所收藏

泥质红陶。侈口，圆唇，束颈，腹部微鼓，下腹斜直，平底。腹部有对称双耳。颈部有一周戳印纹，腹部有一周压印附加堆纹，下腹饰横向篮纹。罐沿残缺有裂缝。

戳印纹双耳红陶罐

新石器时代菜园文化

三级文物

高 26 厘米，口径 14.2 厘米，底径 8.6 厘米

1984 年征集

海原县文物管理所收藏

泥质红陶。侈口，束颈，置对称双耳，斜溜肩，鼓腹，下腹急收，小平底。颈部有一周戳印纹。口沿局部有磕损。

彩陶碗

新石器时代菜园文化

三级文物

高 8 厘米，口径 15.4 厘米，底径 6.5 厘米

1992 年征集

海原县文物管理所收藏

泥质红陶。敞口，深腹微折，平底；口沿内壁饰一周竖向红彩线纹。口沿经修复完整。

附加堆纹红陶钵

新石器时代菜园文化

高 11.6 厘米，口径 16.5 厘米，底径 7.8 厘米

1992 年征集

海原县文物管理所收藏

夹砂红陶。敛口，圆唇，上腹饰五组横向附加堆纹，下腹斜直，平底。

附加堆纹红陶盆

新石器时代菜园文化

口径 19.4 厘米，高 11.5 厘米，底径 8.4 厘米

1988 年发掘

海原县文物管理所收藏

泥质红陶。侈口，圆唇外撇，深弧腹，平底。腹部置一周附加堆纹，堆纹以下饰篮纹。

单耳红陶杯

新石器时代菜园文化

高 8 厘米，口径 4 厘米，腹围 18 厘米，底径 4.5 厘米

1998 年征集

中卫博物馆收藏

泥质红陶。口微敛，深直腹微鼓，平底。口腹间有单耳。器身饰黑彩网格纹。口沿稍残，腹部及底部有裂纹。

红陶纺轮

新石器时代

直径 8.4 厘米，孔径 0.6 厘米，厚 0.8 厘米

2002 年采集

海原县文物管理所收藏

泥质红陶。器身呈扁圆形，中部置细小穿孔。素面。器形规整。

红陶盂

新石器时代菜园文化

高 14.4 厘米，口径 17.4 厘米，底径 6.1 厘米

1992 年征集

海原县文物管理所收藏

泥质橙黄陶。侈口外撇，宽平沿，高领微收，折腹，小平底。素面。器型优美。

条纹单耳彩陶罐

新石器时代菜园文化

三级文物

口径 8.2 厘米，高 16.8 厘米，底径 6.8 厘米

1992 年征集

海原县文物管理所收藏

泥质橙黄陶。口微侈，圆唇，束颈，丰肩，鼓腹，下腹内收，平底。口腹间置素面单耳，颈部饰三周戳印纹，罐底饰压印绳纹。通体饰红彩，颈部饰竖向红彩线纹，戳印纹以下的肩腹部满饰竖向红彩线纹。口沿磕损经修复完整。

竖线纹单耳彩陶罐

新石器时代菜园文化

三级文物

高 22.4 厘米，口径 9.6 厘米，腹径 21.9 厘米，底径 8 厘米

1992 年征集

海原县文物管理所收藏

泥质红陶。侈口，束颈，颈部置单耳，丰肩，圆鼓腹，腹下曲收，小平底。器身饰红彩。器身表层及底部剥落严重，纹饰模糊不清，隐约见竖向红彩线纹。口沿有磕损。

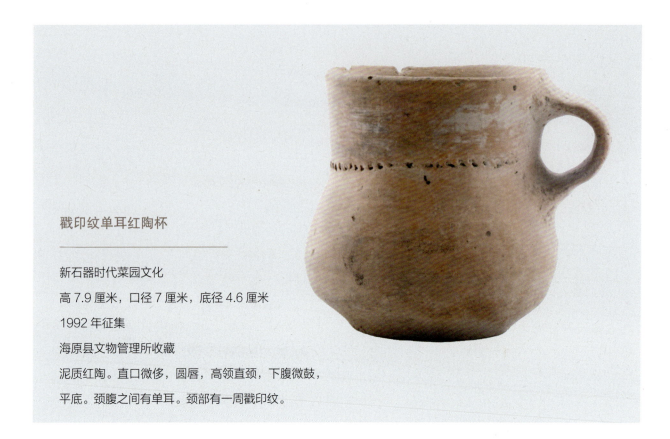

戳印纹单耳红陶杯

新石器时代菜园文化

高 7.9 厘米，口径 7 厘米，底径 4.6 厘米

1992 年征集

海原县文物管理所收藏

泥质红陶。直口微侈，圆唇，高领直颈，下腹微鼓，平底。颈腹之间有单耳。颈部有一周戳印纹。

单耳红陶杯

新石器时代菜园文化

三级文物

高 10 厘米，口径 10.5 厘米，腹围 35 厘米，底径 4.5 厘米

1998 年征集

中卫博物馆收藏

泥质红陶，口沿稍残。侈口，尖圆唇，束颈，下腹外鼓，内收呈平底。口腹间有单耳。器身素面。

附加堆纹单耳夹砂红陶罐

新石器时代菜园文化

高 16.4 厘米，口径 10.7 厘米，底径 7.4 厘米

1992 年征集

海原县文物管理所收藏

夹砂红陶。侈口，圆唇，束颈，鼓腹，平底。口腹间有拱形单耳。器身饰有斜向绳纹，其上有四道附加堆纹。器身有烟炱痕迹。

戳印纹单耳红陶罐

新石器时代菜园文化

三级文物

高 29.5 厘米，口径 10.8 厘米，腹径 30.2 厘米，底径 10 厘米

1995 年发掘

海原县文物管理所收藏

泥质红陶。侈口，矮直径，垂肩，颈肩部置单耳，鼓腹，腹下急收，小平底。颈部饰一周戳印纹。器腹有细裂纹一道。

戳印纹单耳灰陶罐

———————————

新石器时代菜园文化

口径 6.5 厘米，高 10.1 厘米，底径 5.3 厘米

1992 年征集

海原县文物管理所收藏

泥质灰陶。侈口，圆唇，束颈，鼓腹，平底。口颈间有单耳。颈部有一周戳印纹，余皆素面。口沿磕损。

凸弦纹单耳红陶罐

———————————

新石器时代菜园文化

高 9.8 厘米，口径 6.4 厘米，底径 4.7 厘米

1992 年征集

海原县文物管理所收藏

夹砂红陶。侈口，圆唇，束颈，鼓腹，平底。口腹之间有单耳。颈腹之间用一周附加泥条隔开，腹部上侧饰横向绳纹，下腹饰交错绳纹。器身有烟炱痕迹。

网格纹单耳灰陶罐

新石器时代菜园文化

口径 8.3 厘米，高 12.1 厘米，底径 6.3
厘米

1995 年发掘

海原县文物管理所收藏

夹砂灰陶。侈口，束颈，鼓腹，平底。颈
部有单耳。耳下有一周附加堆纹，腹部饰
有斜向绳纹，竖向刻划纹将斜向绳纹分隔
成不同的区间。口沿局部残缺。

单耳罐

新石器时代菜园文化

高 14.7 厘米，口径 9.4 厘米，底径 7.2 厘米

1992 年征集

海原县文物管理所收藏

夹砂红陶。口微侈，束颈，上腹微鼓，下腹斜直，
平底。口腹间有单耳。腹部有两周附加泥条，其
下饰横向绳纹。器身有烟炱痕迹。

双耳灰陶鬲

商代

高 19.5 厘米，口径 15 厘米

2013 年征集

中卫博物馆收藏

夹砂红陶。侈口，粗颈，小溜肩，口沿至肩部置对称双耳，圆腹，三袋足。器身似有烟熏痕迹。

双耳陶鬲

周代

高 16.5 厘米，口径 11 厘米

2013 年征集

中卫博物馆收藏

夹砂红陶。圆口直沿，粗束颈，颈部置对称双耳，圆腹，三袋足。耳上沿一周堆塑纹，腹部泥条贴塑绳纹。器身似有黑色烟熏痕迹。

单耳红陶杯

东周

高 11 厘米，口径 9.3 厘米，底径 6.5 厘米

1987 年今中卫市沙坡头区永康镇双达村出土

中卫博物馆收藏

夹砂红陶，素面，手工制。口微敞，深腹微鼓，平底；口颈部置单耳；有使用的烟熏痕迹。

堆纹双耳夹砂红陶罐

东周

高 14.7 厘米，口径 15 厘米，底径 8.2 厘米

1987 年今中卫市沙坡头区永康镇双达村出土

中卫博物馆收藏

夹砂红陶，素面，手工制。敞口，束颈，溜肩，腹微鼓，平底；颈肩部置双耳，一耳经修复完整；双耳两侧各饰两道堆纹；有使用的烟熏痕迹。

夹砂红陶勺

东周

高 2.9 厘米，口径 3.3 厘米，柄长 2.2
厘米

1987 年今中卫市沙坡头区永康镇双达村
出土

中卫博物馆收藏

夹砂红陶质，素面，手工制。敛口，鼓腹，
圜底；一侧置柄；似有烟熏痕迹。

灰陶勺

东周

三级文物

高 4.5 厘米，口径 6 厘米，底径 4.6 厘米，
柄长 1.5 厘米，柄宽 1.9 厘米

1987 年今中卫市沙坡头区永康镇双达村
出土

中卫博物馆收藏

泥质灰陶，素面，手工制。口微敛，下腹
微收，平底；一侧置扁圆形短柄。

绿釉陶灶

汉代

二级文物

长 18 厘米，宽 15.2 厘米，高 7.7 厘米

1987 年今中卫市沙坡头区镇罗镇张家山汉墓出土

中卫博物馆收藏

泥质灰陶，通体施绿釉，釉面光滑。灶呈马蹄形，由灶台、灶眼、灶门组成；灶台平面，上置两凸起灶眼，灶面模印火勾、火栓、饭铲、勺、刷、碗、碟、盘等纹饰；灶门呈方形，左右两侧分饰跪侍俑和长颈瓶图案；灶台及灶门边沿均模印菱形、半菱形装饰带；灶台边沿部分有磕损，灶门局部剥釉。

绿釉三足陶仓

汉代

三级文物

口径 4.5 厘米，底径 9 厘米，高 20 厘米

2013 年李存吉捐赠

中卫博物馆收藏

泥质灰陶，素面，通体施绿釉。小直口，斜坡式宽出檐，坡面起棱；深弧腹，平底，底部置三兽足。

带盖陶仓

汉代

三级文物

口径 8 厘米，底径 11.5 厘米，高 22 厘米

2013 年征集

中卫博物馆收藏

泥质灰陶。器身呈筒形，圆口，斜坡式宽出檐，檐上起棱；斜直腹，平底出沿，底部置三条形足；覆钵式盖。器身饰两圈双弦纹装饰带。

灰陶井

汉代

口径 18.8 厘米，底径 13 厘米，高 25.5 厘米

2012 年李存吉捐赠

中卫博物馆收藏

泥质灰陶，素面。器身呈筒形，口微敞，宽平沿，微束腰，深直腹，平底。口沿上置圆拱形井架，井架顶部置井亭。

灰陶灶

汉代

长 20 厘米，宽 16 厘米，高 9.4 厘米

1991 年今中卫市沙坡头区宣和镇林场汉墓出土

中卫博物馆收藏

泥质灰陶。灶呈马蹄形，由灶门、灶台、灶眼组成。
灶门位于前立面中下部，呈正方形；灶台光滑平整，
上置两凸起的圆形灶眼，台面模印鱼、鱼钩、水波纹、
折线纹等图案。灶台及灶门边沿模印折线纹、水波纹等。

三足弦纹灰陶奁

汉代

三级文物

高 18 厘米，口径 21 厘米，壁厚 0.8 厘米

1989 年今中卫市沙坡头区宣和镇宏爱学校出土

中卫博物馆收藏

泥质灰陶，轮制。器身呈圆筒式，直腹，平底，置三兽足；
器身饰两圈凹弦纹；盖为覆钵式，顶部置圆台式钮；
器身经修复完整。

灰陶三足带盖圆鼎

汉代

三级文物

口径 22 厘米，高 15 厘米

2012 年征集

中卫博物馆收藏

泥质灰陶，由器身和盖组成。器身敛口，小折肩，圈底；
肩部对称双立耳微外弧，下腹置三蹄形足；器腹饰满
凸弦纹。盖为半球面形，素面。

红釉博山炉

汉代

三级文物

通高 21 厘米，炉盖 7 高厘米，炉体高 14
厘米，底座高 5.5 厘米

2012 年李存吉捐赠

中卫博物馆收藏

泥质红陶。器物由底座、炉身、盖三部分
组成；盆式底座，中心置柱形细高足，顶
部为钵形炉身；盖呈高耸的山形。通体施
红釉。

博山炉

汉代

三级文物

通高 22.5 厘米，炉盖高 11 厘米，炉体高
11.3 厘米，底座高 3.5 厘米

1990 年今中卫市沙坡头区镇罗镇张家山
汉墓出土

中卫博物馆收藏

泥质灰陶。器身由底座、炉身和盖三部分
组成。底座呈高足圆盘式，顶端为圆盘；
炉身置圆盘上，呈盆式，折沿，弧腹；盖，
高耸山丘形，层叠有序排列松柏，松柏后
上方有镂孔。

彩绘陶罐

汉代

高 16 厘米，口径 8.3 厘米，底径 6 厘米，腹围 38 厘米

1991 年今中卫市沙坡头区宣和镇林场汉墓出土

中卫博物馆收藏

泥质灰陶。共三件，器形大体相同。罐敞口，圆唇，溜肩，鼓腹，平底。颈部红、
白彩绘锯齿纹，肩部绘横"S"形纹。

双系彩绘陶锺

汉代

三级文物

共 2 件。其一口径 10.6 厘米，腹围 56 厘米，底径 11.3 厘米，高 24.8 厘米；其二口径 10.2 厘米，腹
围 54 厘米，底径 10.5 厘米，高 24.3 厘米

2003 年中卫市沙坡头区宣和镇林场汉墓出土

中卫博物馆收藏

泥质灰陶。敞口，束颈，长溜肩，深鼓腹，假高圈足，腹部置对称双系。器身在红底上用黑、白彩绘纹饰，
颈部和腹下部绘三角形纹，腹上部和肩部绘祥云纹，其间用弦纹分隔，其中腹部弦纹系绘祥云纹后所绘。

彩绘陶罐

————————————————————

汉代

三级文物

共 5 件。口径 6.5 厘米，底径 5.2 厘米，高 12.5 厘米，腹围 38 厘米

2003 年中卫市沙坡头区宣和镇林场汉墓出土

中卫博物馆收藏

泥质灰陶。侈口，方唇，束颈，溜肩，鼓腹，小平底。器身在红底上用黑、白彩绘满纹饰，颈部和腹下部绘三角形纹，腹上部绘祥云纹，其间用弦纹分隔。其中一件口沿残缺，部分彩绘脱落。

缠枝纹灰陶罐

汉代

高 40 厘米，口径 13.5 厘米，腹围 130 厘米，底径 21 厘米

1989 年今中卫市沙坡头区常乐镇四眼井出土

中卫博物馆收藏

泥质灰陶，轮制。小口圆唇，溜肩，上腹圆鼓，小平底；肩部施一周缠枝纹；器腹及底部破裂，经修复完整。

弦纹灰陶罐

汉代

高 24.8 厘米，口径 16.3 厘米，腹径 17.9 厘米，底径 15.5 厘米

2003 年中卫市沙坡头区宣和镇林场汉墓出土

中卫博物馆收藏

泥质灰陶。唇口，短颈，溜肩、鼓腹，平底。肩部饰多道阴刻弦纹与竖线纹组合装饰带。口沿磕损。

堆塑凸弦纹灰陶罐

汉代

三级文物

高 50 厘米，口径 19.2 厘米，底径 20 厘米，腹径 37.3 厘米

1984 年征集

海原县文物管理所收藏

泥质灰陶。侈口，圆唇，束颈，长溜肩，深弧腹，平底。口沿及颈部饰细弦纹，肩腹部饰两周堆塑凸弦纹夹一周连弧纹。

单耳三足灰陶杯

汉代

高 9 厘米，口径 7.5 厘米，足高 1.5 厘米

1991 年今中卫市沙坡头区宣和镇林场汉墓出土

中卫博物馆收藏

夹砂红陶，侈口，方唇，束颈，下腹微鼓，圜底，底部附三扁状足。口腹间有单桥形耳。上腹饰竖向绳纹，下腹饰交错绳纹。

灰陶茧形壶

汉代

三级文物

高 26.5 厘米，口径 12 厘米，腹径 34.5 厘米，底径 10.5 厘米

2012 年征集

中卫博物馆收藏

泥质灰陶。唇口外卷，短颈，腹呈横向长椭圆形，圈足外撇；颈部饰两圈弦纹，腹部竖向九组阴弦纹带；因形似蚕茧而得名。

带状网格纹双耳灰陶罐

汉代

高 29.4 厘米，口径 11.4 厘米，底径 13 厘米

1992 年征集

海原县文物管理所收藏

泥质灰陶。敛口，圆唇外撇，短颈，丰肩，深弧腹，上腹置对称拱形耳，平底。肩腹部分饰带状网格纹，下腹部饰多道凹弦纹。

灰陶勺

汉代

高 1.7 厘米，勺径 2.5 厘米，残长 3.8 厘米

1991 年今中卫市沙坡头区宣和镇林场汉墓出土

中卫博物馆收藏

泥质灰陶，素面，手工制。勺圆口圜底，一端置柄，柄残断。

灰陶四叶纹饼形响铃

汉代

直径 7.2 厘米，厚 2.9 厘米

2003 年今中卫市沙坡头区宣和镇林场汉墓出土

中卫博物馆收藏

泥质灰陶。器物呈扁圆形，内置活动铃舌，摇动作响。通体以凸起的圆点纹作地，围绕圆心饰对称四叶纹。制作精美。

绿釉陶钵

汉代

高 8 厘米，口径 10.5 厘米，腹径 13 厘米，底径 5 厘米

1987 年今中卫市沙坡头区镇罗镇张家山汉墓出土

中卫博物馆收藏

釉陶质。敛口，圆唇，丰肩，腹部急收，小平底；器身施黄绿釉，釉面土锈和脱釉较重。

绿釉凹弦纹陶罐

汉代

三级文物

高 12 厘米，口径 8.6 厘米，底径 8.5 厘米

1987 年今中卫市沙坡头区镇罗镇张家山汉墓
出土

中卫博物馆收藏

泥质灰陶，施绿釉。敛口，圆唇，圆肩，腹部
急收，小平底；腹部饰一道凸弦纹；器身外部
施绿釉，釉色不匀；口沿裂为四块，经修复完
整，腹部有裂纹。

双系弦纹灰陶壶

汉代

高 24.1 厘米，口径 10.7 厘米，腹径
18.5 厘米，底径 11.1 厘米

2003 年中卫市沙坡头区宣和镇林场汉墓
出土

中卫博物馆收藏

泥质灰陶，轮制。盘口，方唇，束颈，鼓腹，
圈足；腹部置对称双系；肩腹部分饰两道
凹弦纹。器形规整，制作精美。

绿釉弦纹陶壶

汉代

三级文物

高 32 厘米，口径 17 厘米，底径 17.5 厘米

2012 年征集

中卫博物馆收藏

釉陶。盘口，束颈，溜肩，鼓腹，圈足，腹部置
对称铺首；颈、肩、腹部分饰三道阴刻弦纹。

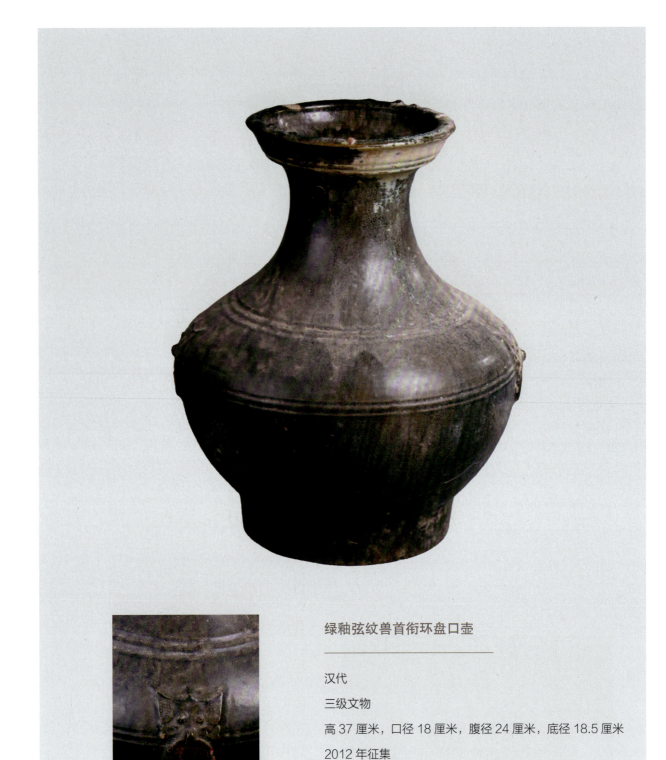

绿釉弦纹兽首衔环盘口壶

汉代

三级文物

高 37 厘米，口径 18 厘米，腹径 24 厘米，底径 18.5 厘米

2012 年征集

中卫博物馆收藏

釉陶质。盘口，束颈，溜肩，圆鼓腹，圈足；肩部置对称兽首衔环铺首；肩腹部饰两圈阴刻弦纹装饰带。

绿釉陶壶

汉代

三级文物

高 35 厘米，口径 12.4 厘米，底径 15
厘米

2012 年征集

中卫博物馆收藏

釉陶质。长颈，口微敞，腹部外鼓呈扁圆形，
筒状高足，底足有三乳钉；器身饰多道弦
线纹。釉面经长期土沁脱色较重。

褐釉陶壶

汉代

三级文物

高 41 厘米，口径 13.62 厘米，腹径 30 厘米，
底径 17 厘米

2012 年征集

中卫博物馆收藏

泥质红陶，通体施褐釉。盘口，粗长颈，
小溜肩，鼓腹，筒状高足；颈肩间饰两圈
弦纹。

灰陶绳纹烟囱

汉代

三级文物

高 34 厘米，口径 14 厘米，壁厚 2 厘米

1990 年今中卫市沙坡头区镇罗镇照壁山铜矿冶炼遗址出土

中卫博物馆收藏

夹砂红陶。器物呈圆筒形，中空；外部饰不规则绳纹；顶部残缺。

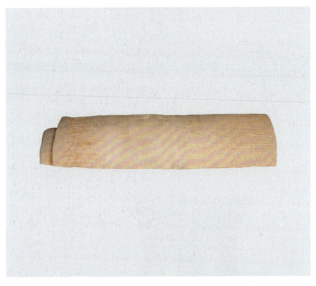

灰陶绳纹筒瓦

汉代

长 38 厘米，宽 15.5 厘米，厚 1.4 厘米

1997 年今中卫市沙坡头区常乐镇李营汉墓出土

中卫博物馆收藏

泥质灰陶。瓦呈长筒形，前端有子母口，瓦身外壁饰绳纹，内壁饰布纹。

灰陶绳纹板瓦

汉代

长 51.2 厘米，宽 34.5 厘米，厚 1.5 厘米

1997 年今中卫市沙坡头区常乐镇李营汉墓出土

中卫博物馆收藏

泥质灰陶，手制，残。凸面一半为横向弦纹，另一半饰绳纹；凹面饰圆点纹。

蓝釉陶壶

东汉

口径7.4厘米,腹径13厘米,底径9.2厘米,
高 15 厘米

1987 年发掘

中宁县文物管理所收藏

釉陶。敞口，束颈，溜肩，鼓腹，圈足。
器表部分脱釉。

绿釉陶壶

东汉

三级文物

高 32 厘米，口径 15.4 厘米，腹径 25
厘米

1984 年发掘

中宁县文物管理所收藏

釉陶。敞口，长颈，扁圆腹，高圈足。颈
肩间饰弦纹，腹部贴饰对称的铺首衔环。
器表部分脱釉。

骑马彩陶俑

北魏

三级文物

通高 14 厘米，人物高 9 厘米，马高 9.8 厘米，宽 5 厘米

2012 年征集

中卫博物馆收藏

泥质红陶。马通体黑彩，头部低垂，身体平直浑圆，四肢较粗壮；骑者着粉白圆领宽袖长袍，左手举于胸前，右手提于腹部，面部红润，辫发。

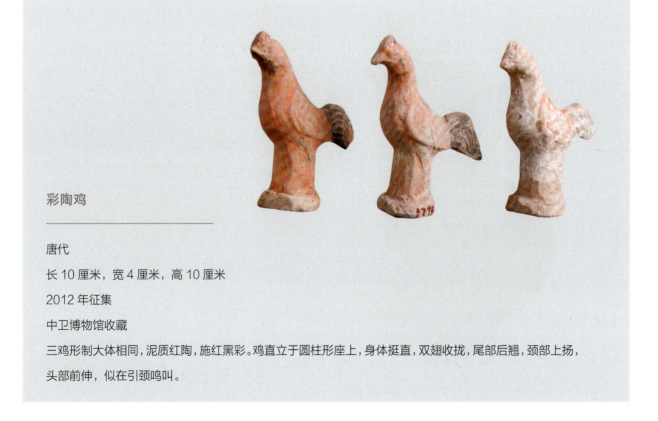

彩陶鸡

唐代

长 10 厘米，宽 4 厘米，高 10 厘米

2012 年征集

中卫博物馆收藏

三鸡形制大体相同，泥质红陶，施红黑彩。鸡直立于圆柱形座上，身体挺直，双翅收拢，尾部后翘，颈部上扬，头部前伸，似在引颈鸣叫。

塔式四神兽像带盖莲花座灰陶皈依罐

唐代

二级文物

通高 77 厘米，盖高 12.7 厘米、盖径 13.1 厘米、孔径 5.5
厘米，罐径 9.1 厘米、底径 8.6 厘米，腹径 16 厘米、
厚 0.3 厘米，塔座高 44.5 厘米、口径 13.7 厘米、底
径 28 厘米、厚 2.4 厘米

2012 年征集

中卫博物馆收藏

泥质灰陶。由底座、罐和盖三部分组成。底座镂空，
多层装饰，中空，最底部为覆钵式举架，上部由四兽首、
四力士顶举组成二、三、四层举架，第五、六层为仰
莲瓣纹托盘，托起罐体。罐圆口，溜肩，圆腹，腹部
饰凸弦纹。盖呈覆钵式塔形。

塔式陶罐

宋代

通高 73 厘米，腹径 24 厘米，底径 25.6 厘米

2012 年征集

中卫博物馆收藏

泥质灰陶。由底座、罐身和盖三部分组成；底座中部镂空，多层，最底层为带齿尖的圆环式举架，举架上部依次为四兽首、四力士顶举的第二层、第三层圆环仰莲纹式举架，最上部举起仰莲纹托盘，将罐体托起；罐体为敛口直沿，丰肩，弧腹内收，平底，肩腹处贴塑一圈堆砌纹，器身以红彩勾画出仰覆莲纹；盖由多层相轮和宝珠组合，高高耸起，呈塔刹式。造型独特精美。

彩绘塔式皈依罐

宋代

通高 125 厘米，宽 31.6 厘米，底宽 27 厘米

2013 年征集

中卫博物馆收藏

泥质灰陶。由底座、罐和盖三部分组成。底座有多层装饰，镂空。第一层为六兽首顶举的栅栏式举架，第二层为六神人顶举的莲瓣式举架，第三层由六力士顶举的围栏式举架，第四层为六神人站立的亭式立柱，顶端托起罐体；罐为圆口直沿，溜肩，圆腹，平底；盖为塔刹式。罐身通体彩绘，以橙、黑、白色为主。

灰陶坩埚

宋代

三级文物

高 21.5 厘米，口径 10 厘米，底径 7.5
厘米

1985 年征集

海原县文物管理所收藏

夹砂灰陶。圆唇，略残，深腹微弧，平底，
厚壁。表面略显粗糙。

灰陶盆

宋代

三级文物

高 15.9 厘米，口径 38.8 厘米，底径 18.2 厘米

1992 年征集

海原县文物管理所收藏

泥质灰陶。敞口，宽平沿，斜直腹，平底。口沿磕损，腹部裂缝经修复完整。

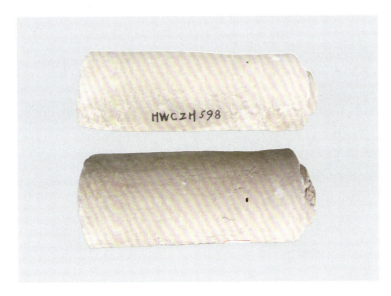

灰筒瓦

宋代

长 30 厘米，宽 13 厘米，厚 1.1 厘米

2008 年采集

海原县文物管理所收藏

泥质灰陶。器身呈半圆弧的长筒状，一端内收出沿。素面。

板 瓦

宋代

长 28.9 厘米，宽 19.8 厘米，厚 2 厘米

2008 年采集

海原县文物管理所收藏

泥质灰陶。略呈梯形，轮制；凹面有布纹。

灰陶水管

宋代

三级文物

长 34.1 厘米，口径 11.7 厘米，尾径 16.2 厘米，壁厚 1.2 厘米

1994 年征集

海原县文物管理所收藏

泥质灰陶。长筒状，圆口内敛，方唇，小折肩。胎质坚硬细密，色泽呈亮灰色。

灰陶龙首形套兽

———————————

宋代

高 15 厘米，长 40.5 厘米，宽 15 厘米

2004 年采集

海原县文物管理所收藏

泥质灰陶，颈上部略残。龙首形，颈部中空，斜向前伸，头部转而低敛，前额平直，小耳微卷，圆眼半球状睛，嘴闭合，喙向前伸出。面部鳞纹、须纹纹理清晰。

灰陶龟形蛇纹水注

———————————

元代

高 8 厘米，口径 0.7 厘米，底径 6.5 厘米

1988 年韩丙魁捐赠

中卫博物馆收藏

夹粗砂灰陶。水注呈龟形，体形浑圆，腹下置矮圈足，龟首巧妙地设计为注口，顶粘贴盘旋的蛇。

彩绘达摩祖师泥造像

明代

三级文物

高 71 厘米，长 60 厘米，宽 36 厘米

1981—1983 年石空寺石窟发掘

中宁县文物管理所收藏

泥质，彩绘。达摩祖师面相丰满，肤色黝黑，眉骨突出，双目圆睁，高鼻、朱唇，八字胡微翘，颌下一绺髭胡。身披僧服，袒胸，结跏趺坐端坐于方形底座上，双手于腹前结禅定印。

彩绘孔雀明王泥造像

明代

三级文物

高 75 厘米，长 50 厘米，宽 50 厘米

1981—1983 年石空寺石窟发掘

中宁县文物管理所收藏

佛像表面彩绘部分脱落。佛像螺发，面相方圆饱满，弯眉、细目、高鼻、朱唇、大耳。内着白缯轻衣，外披红、绿、蓝三色相间袈裟，结跏趺坐于黑色底座承托的孔雀之上。两臂屈于腹前，两手大拇指、食指各直竖向上相压结大孔雀明王印。

彩绘戴冠玉皇头泥塑像

明代

二级文物

高 58 厘米，长 37 厘米，宽 28 厘米

1981—1983 年石空寺石窟发掘

中宁县文物管理所收藏

头戴束发红绿相间花冠，面相方圆饱满，眉弓凸起，

双目圆睁，高鼻、朱唇。

彩绘半跏趺坐罗汉泥造像

明代

二级文物

高 48 厘米，长 31 厘米，宽 36 厘米

1981—1983 年石空寺石窟发掘

中宁县文物管理所收藏

泥质，彩绘。罗汉呈半结跏趺坐于方形底座上。头微扬，

面颊丰满，弯眉、细目微启、高鼻、朱唇。身着红边

绿色僧衣。左腿弯曲平放，右腿屈膝，左手扶于右膝，

右臂举起，右手食指、中指伸开指于脸侧，呈冥思状。

彩绘善跏趺坐罗汉泥造像

明代

二级文物

高 64 厘米，长 37 厘米，宽 37 厘米

1981—1983 年石空寺石窟发掘

中宁县文物管理所收藏

泥质，彩绘。罗汉呈善跏趺坐端坐于长方形座上。面阔大耳，眉峰上凸，双目圆睁，目视下方，高鼻、朱唇，神态不怒自威。上身袒，僧衣覆右臂后过腹部搭至双腿上。双腿自然下垂，左手握拳，手中握有衣边，右手五指自然伸开，掌心向下覆于膝上。

彩绘善跏趺坐罗汉泥造像

明代

二级文物

高 65 厘米，长 36 厘米，宽 31 厘米

1981—1983 年石空寺石窟发掘

中宁县文物管理所收藏

泥质，彩绘。罗汉呈善跏趺坐端坐于长方形座上。面阔大耳，双眼圆睁，眉峰上扬，朱唇微张，呈侧视状。肤色黝黑，上身袒，下身着裙，腰系带，外披通肩式蓝边橙色僧衣，下垂至两脚脚背之上。双腿自然下垂，双手握拳置于膝上，两脚着黑色罗汉鞋。

彩绘半跏趺坐罗汉泥造像

明代

二级文物

高 47 厘米，长 35 厘米，宽 30 厘米

1981—1983 年石空寺石窟发掘

中宁县文物管理所收藏

泥质，彩绘。罗汉面部丰满，高鼻、朱唇、细眉、长眼，脸微侧扬呈含笑态；身着橙色彩衣，呈半跏趺坐于长方形座上。左腿弯曲，左手置于左膝之上，掌心朝下，右腿竖直，右臂屈肘抵膝，手掌托脸部。

彩绘半跏趺坐罗汉泥造像

明代

二级文物

高 73 厘米，长 54 厘米，宽 42 厘米

1981—1983 年石空寺石窟发掘

中宁县文物管理所收藏

造像表面彩绘部分脱落。泥质，彩绘。罗汉螺发，面颊丰满圆润，弯眉、高鼻、细眼，朱唇微启，神态舒展安详，似遐想态；身着蓝、红、绿三色相间袈裟。呈半跏趺坐于方形底座上，左小腿弯曲平放，左手覆于左膝之上；右膝屈起，右肘抵于膝上，右手掌心向内托住右脸颊。跣足。

彩绘菩萨泥造像

————————————

明代

二级文物

高 60 厘米，长 35 厘米，宽 28 厘米

1981—1983 年石空寺石窟发掘

中宁县文物管理所收藏

泥质，彩绘。菩萨结跏趺坐端坐于方形底座承托的重层仰莲台上，头戴黄色花冠，头发束起。面相方圆饱满，弯眉、细目、高鼻、朱唇、大耳。颈戴项饰，上身袒，下身着橙、蓝相间裙，腰系带。双肩敷搭绿色披巾，从两肩而下绕两小臂后垂至台座。双手握拳，左手置于胸前，右手屈起；神态安详宁静。

彩绘半跏趺坐罗汉泥造像

————————————

明代

二级文物

高 60 厘米，长 40 厘米，宽 31 厘米

1981—1983 年石空寺石窟发掘

中宁县文物管理所收藏

泥质，彩绘。造像表面彩绘部分脱落。头戴僧帽，飘带垂至两肩。面部方圆黝黑，双目圆睁，眉峰凸起，朱唇，牙齿外露，表情略显夸张。袒胸露乳，内着橙色长裙，腰系带，打结后垂至腹部；外披蓝边红色僧衣。双腿结半跏趺坐于方形底座上，左腿平放，左手覆于左膝之上，右腿屈膝，右手握拳置于右膝上。右脚着黑色罗汉鞋。

彩绘上师泥造像

明代

二级文物

高 54 厘米，长 31 厘米，宽 27 厘米

1981—1983 年石空寺石窟发掘

中宁县文物管理所收藏

泥质。彩绘。上师头戴白色班智达帽，内着蓝边红色无袖坎肩，外披袒右式袈裟，双腿结跏趺坐，坐于方形底座承托的仰莲台上；面相方圆饱满，细眉、高鼻、大耳，嘴微启，双手于胸前呈讲经说法态。

彩绘上师泥造像

明代

二级文物

高 63 厘米，长 38 厘米，宽 31 厘米

1981—1983 年石空寺石窟发掘

中宁县文物管理所收藏

泥质。彩绘。上师头戴白色班智达帽，身穿绿领僧衣，外披红领黄色袈裟，双手于袈裟内相叠置于腹前，两腿结跏趺坐，端坐方形座上；面相方圆饱满，长眉、细目、高鼻、朱唇，呈微笑态。衣纹阴刻较密。

彩绘人物神兽纹盖罐

明代

高 17 厘米，口径 4 厘米，腹径 10 厘米，底径 6 厘米

2009 年发掘

中宁县文物管理所收藏

盖呈圆饼形，中部置桃形钮；罐圆口直领，溜肩，深腹，
腹下部微外撇，平底。外表施白彩，腹部墨绘一周人物神
兽纹。

铜器、铁器

三角援铜戈

商代

一级文物

通长 18.2 厘米，援长 11.9 厘米，内长 6.3 厘米，内宽 4.1 厘米

2012 年征集

中卫博物馆收藏

青铜质。三角援等宽内式，援末宽，援体似长三角形，前端钝圆，背部起脊，并向两面逐渐收薄，形成锋利的刃，援末两侧有穿；内呈长方形，设于末正中。

铜銮铃

西周

一级文物

通高 15.67 厘米，铃直径 8.32 厘米，底座高 4 厘米，宽 3.06 厘米

2012 年征集

中卫博物馆收藏

青铜质。上铃下銮。铃扁球形，中空，两面中部一圆孔，四面环绕八个三角形镂孔，内含球形弹丸，滚动可发音，球面周缘外接镂空十字圆边框。下为梯形柄，方銮，底部有对穿孔。

铜銮铃

西周

一级文物

通高 17.5 厘米，铃直径 9.77 厘米，底座高 3.98 厘米，宽 2.68 厘米

2012 年征集

中卫博物馆收藏

青铜质。上铃下銎。铃呈圆球形，中部一圆孔，四面环绕八个三角形镂孔，内含球形弹丸，滚动可以发音，球周缘外接一周镂空宽缘。下为梯形柄，方銎，銎面饰四个菱形凸钉。

铜 矛

东周

二级文物

通长 15.5 厘米，柄孔径 1.7 厘米，铤长 9 厘米，锋宽 3.4 厘米

1987 年今中卫市沙坡头区永康镇双达村出土

中卫博物馆收藏

青铜质。矛身略呈柳叶形，中部起脊，断面略呈菱形，两叶对称，锋为三角形，长銎，截面呈圆形，下端有穿孔。通体绿锈。

铜 戈

东周

二级文物

通长 18 厘米，援长 11 厘米，内长 7 厘米

2012 年征集

中卫博物馆收藏

青铜质。援短宽，中部起脊，断面呈菱形；长胡，置长方形三穿；内呈长方形，置长方形单穿。

双鸟首青铜短剑

东周

一级文物

通长25厘米,刃宽2.5厘米,柄长7.4厘米,
柄厚0.5厘米

1987年今中卫市沙坡头区永康镇双达村
出土

中卫博物馆收藏

青铜质。剑首呈双鸟环状相对,扁平柄,
剑格上翘,呈双翼展翅形,剑身细长,中
部起脊,双面刃。剑身表面覆盖绿色锈,
刃部有豁口。

青铜剑

东周

通长27.4厘米,柄长8.9厘米,刃宽2.5
厘米

1998年今中卫市沙坡头区香山乡黄泉村
沙塘墓葬盗掘后收缴

中卫博物馆收藏

青铜质。剑首呈双鸟首联结内卷,柄扁平,
两侧饰新月纹,中部留凹槽;剑格呈椭圆
形,饰漩涡纹;剑身呈柳叶形,中部起脊,
剑锋缺失。

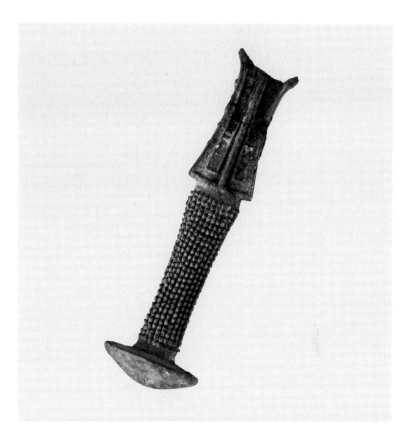

铜剑柄

东周

一级文物

残长 24.5 厘米，径长 10 厘米，刃宽 2.2
厘米

1987 年今中卫市沙坡头区永康镇双达村
出土

中卫博物馆收藏

青铜质。菌形剑首，扁圆柱体柄饰乳钉纹，
椭圆形剑格向前伸出四脊，镶嵌铁质剑身，
剑身残缺。

铜柄铁剑

东周

一级文物

残长 49 厘米，刃宽 6.2 厘米，厚 1.7
厘米

1987 年今中卫市沙坡头区永康镇双达村
出土

中卫博物馆收藏

柄为铜质，柄首菌形，下置四个对穿孔，
柄身呈扁圆形，饰绕绳纹，剑格呈椭圆形，
又向上伸出三条脊，与剑身嵌连。剑身铁
质，呈柳叶形，中部起脊，刃部微弧，双
面刃。

环首青铜剑

东周

一级文物

通长 25.9 厘米，柄长 9 厘米，刃宽 2.5 厘米

1987 年今中卫市沙坡头区永康镇双达村出土

中卫博物馆收藏

青铜质。环首，扁平柄，柄上有绳纹缕，剑格微向下弧，呈双翼展翅式，剑身细长，中部起脊，双刃缓收成锐锋。

环首青铜短剑

东周

一级文物

共 2 件。通长 29.1 厘米，柄长 10—11 厘米，刃宽 2.5—2.7 厘米

1987 年今中卫市沙坡头区永康镇双达村出土

中卫博物馆收藏

青铜质。环首，扁平柄，一字格，剑身细长，呈竹叶形，中部起脊，双面刃。

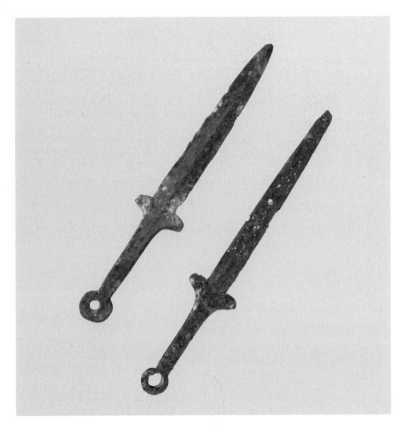

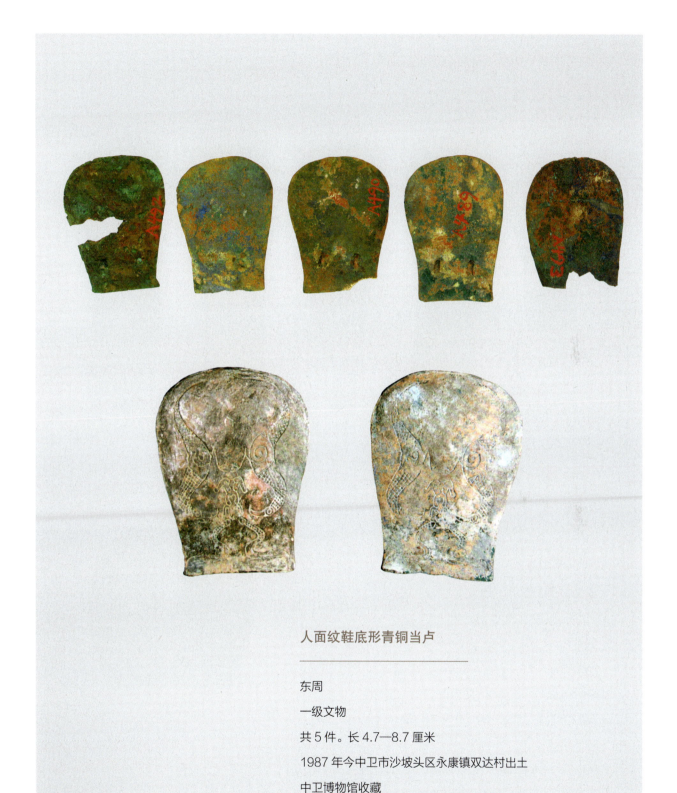

人面纹鞋底形青铜当卢

东周

一级文物

共 5 件。长 4.7—8.7 厘米

1987 年今中卫市沙坡头区永康镇双达村出土

中卫博物馆收藏

青铜质。呈鞋底形，上端宽圆，下部微收窄。正面微鼓，饰阴
刻人面蛇身形，背面内凹，下端置左右对称的竖向桥形钮。

人面纹铜牌饰

东周

一级文物

共 5 件。长 22.7 厘米，最宽 8.7 厘米，最窄 4.8 厘米

1987 年今中卫市沙坡头区永康镇双达村出土

中卫博物馆收藏

青铜质。平面呈鞋底形，上端宽圆，中部收窄，下部又微微放出；正面微鼓，

上端阴刻人面形，边缘环绕阴刻蛇纹装饰带，中部阴刻网纹、三角纹等；

背面内凹，上、下两端各置横向桥形钮。

铜当卢

东周

高 9.8 厘米，直径 7.5 厘米，底边宽 3.8
厘米

1987 年今中卫市沙坡头区永康镇双达
村出土

中卫博物馆收藏

青铜质。上半部呈圆形，正面微鼓，背
面置横梁式钮，下半部呈梯形，中空，
中部置穿孔。

铜当卢

东周

长 10.6 厘米，宽 4.1 厘米

1987 年今中卫市沙坡头区永康镇双达村出土

中卫博物馆收藏

青铜质，为马面额上的饰件，素面。呈长叶形，上端宽圆，
下端尖长，底面内凹，正面中部起脊，其上一管状插座。

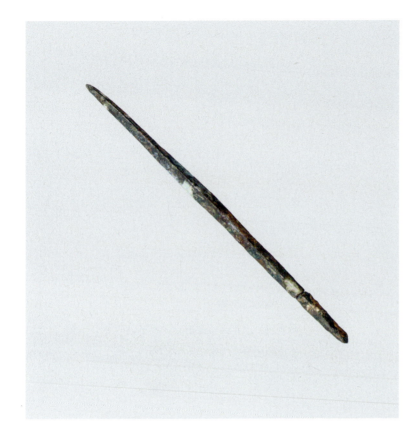

铜 锥

东周

三级文物

长 11 厘米，厚 0.4 厘米

1987 年今中卫市沙坡头区永康镇双达村
出土

中卫博物馆收藏

青铜质。呈细长尖锥形，锥体出四棱，一
端尖锐，一端钝圆，钝圆的一端有穿。锥
体已折为两段。

铜 锥

东周

三级文物

长 11.9 厘 米，厚 0.5 厘 米，刃 宽 0.3
厘米

1987 年今中卫市沙坡头区永康镇双达村
出土

中卫博物馆收藏

青铜质。呈细长尖锥形，锥体出四棱，一
端为尖锐，另一端钝圆。通体绿锈。

环首铜刀

东周

残长 15 厘米，宽 2 厘米

1998 年今中卫市沙坡头区迎水桥镇碱碱
湖出土

中卫博物馆收藏

青铜质。扁平柄，柄上边平直，下边微内弧，
柄端一穿孔；刀背平直，刃部斜直，双面刃，
锋刃缺失。

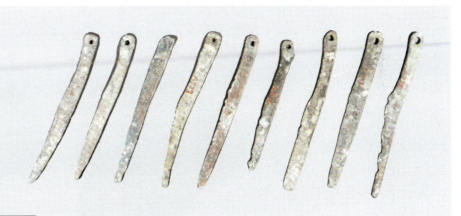

带孔青铜削刀

东周

三级文物

共 9 件。残长 17.5—18.5 厘米，刃宽 1.6—2.1 厘米，柄长 6.5—8.3 厘米，柄孔径 0.5—0.6 厘米，背厚 0.3—
0.7 厘米

1987 年今中卫市沙坡头区永康镇双达村出土

中卫博物馆收藏

青铜质。9 件形制大体相同，体形狭长，扁平柄，柄端带孔；削身弧线有内弧式、直体式、外弧式三种。

鸟首形铜饰件

东周

二级文物

长 3.2 厘米，宽 1.1 厘米，高 2 厘米

1987 年今中卫市沙坡头区永康镇双达村
出土

中卫博物馆收藏

青铜质。钩喙，浮雕式环眼。鸟首下部置
穿孔。

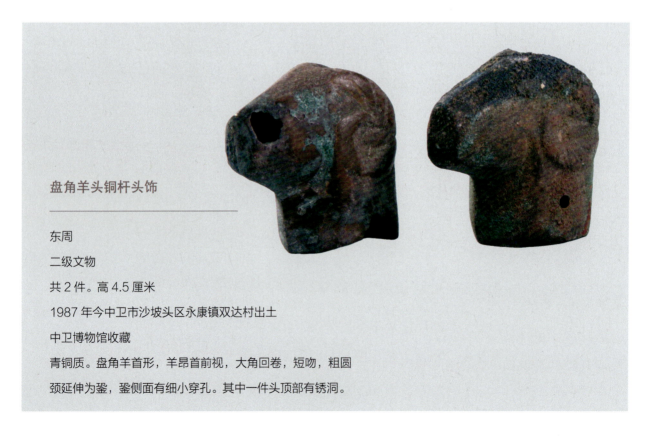

盘角羊头铜杆头饰

东周

二级文物

共 2 件。高 4.5 厘米

1987 年今中卫市沙坡头区永康镇双达村出土

中卫博物馆收藏

青铜质。盘角羊首形，羊昂首前视，大角回卷，短吻，粗圆
颈延伸为銎，銎侧面有细小穿孔。其中一件头顶部有锈洞。

驼形铜带扣

东周

长 4 厘米，宽 3.4 厘米

1987 年今中卫市沙坡头区永康镇双达村
出土

中卫博物馆收藏

青铜质。圆角方环状，由双峰驼的身躯抽
象表示，扣针锥状。

铜带扣

东周

通长 5.4 厘米，直径 4 厘米，厚 0.4 厘米

1987 年今中卫市沙坡头区永康镇双达村出土

中卫博物馆收藏

青铜质。呈宽圆环状，一端连接一小椭圆形环扣，另一端正面置
扣针；圆环中部一圈内凹。

铜扣饰

———————————

东周

直径 1.51 厘米，厚 0.22 厘米

1987 年今中卫市沙坡头区永康镇双达村

出土

中卫博物馆收藏

青铜质。呈梅花形，正面鼓出，背面置钮。

铜牌饰

———————————

东周

长 4.9 厘米，宽 2.5 厘米

1987 年今中卫市沙坡头区永康镇双达村

出土

中卫博物馆收藏

青铜质，呈长方形，中部镂空，两侧锯齿状。

铜节约

东周

长 2.7 厘米，宽 1.2 厘米，厚 1 厘米，孔长 1.8 厘米，
孔宽 1 厘米

1987 年今中卫市沙坡头区永康镇双达村出土

中卫博物馆收藏

青铜质，素面。呈方管形，正面圆角，背面方角，
中部开长方孔。

车轮形铜饰

东周

直径 5.7 厘米

1987 年今中卫市沙坡头区永康镇双达村出土

中卫博物馆收藏

青铜质。呈圆形，外框圆环式，中部圆盘式，盘心内凹，
四面带沿。外环与圆盘之间有四个辐呈十字交叉形
连接。

铜环状饰

东周

直径 6.7 厘米，缘宽 1.5 厘米，厚 0.2 厘米

1987 年今中卫市沙坡头区永康镇双达村出土

中卫博物馆收藏

青铜质。圆形，缘扁平，两面微鼓；缘正面中部两
周阴弦纹间饰一周绳索纹，背面饰一周阴刻弦纹。

铜管饰

东周

长 11.5 厘米，直径 1.8 厘米

1987 年今中卫市沙坡头区永康镇双达村出土

中卫博物馆收藏

青铜质。呈圆管式，中空，素面。

双龙纹透雕铜牌饰

东周

一级文物

共 2 件。长 11.5 厘米，宽 6.2 厘米，厚 0.5 厘米，

钮高 0.4 厘米，钮直径 1.1 厘米，孔长 1.7 厘米，

宽 12 厘米

1987 年今中卫市沙坡头区永康镇双达村出土

中卫博物馆收藏

青铜质。呈圭形，尖首，下部内收为横长方形柄，

器身中部置方孔；方孔两端饰透雕盘龙，两侧各

盘踞一小龙。

铜车軎

东周

共 2 件。高 12.5 厘米，直径 4.8 厘米

1987 年今中卫市沙坡头区永康镇双达村出土

中卫博物馆收藏

青铜质。前端呈尖锥状，后端呈圆筒状，中空。

其中一件尖部有一穿孔。

涡轮形镂孔铜饰

———————————

东周

共 2 件。直径 11.7 厘米，厚 0.2 厘米

1987 年今中卫市沙坡头区永康镇双达村出土

中卫博物馆收藏

青铜质。圆形，中部一圆孔，周缘镂空呈涡轮状。

窃曲纹铜盨

———————————

东周

二级文物

高 5.5 厘米，长径 11 厘米，短径 8 厘米

2012 年征集

中卫博物馆收藏

青铜质，范铸。微呈圆角长方形，置对称双錾耳，

弧腹，腹中上部饰窃曲纹，足部残。

铜　铃

东周

三级文物

共 5 件。高 8.4—13.1 厘米

1987 年今中卫市沙坡头区永康镇双达村出土

中卫博物馆收藏

青铜质。5 件形制相同，大小递减。铜铃腔体呈椭圆柱体，平肩，齐口；腹部置长方形音孔。

铜马衔

东周

三级文物

共 10 件。通长 19 厘米，杆径 1 厘米，宽 2—2.2 厘米，孔径 1.7—2.4 厘米，杆长 7—11 厘米，厚 0.15—0.3 厘米

1987 年今中卫市沙坡头区永康镇双达村出土

中卫博物馆收藏

青铜质。由两节链条组成。链条长柱状柄，两端一圆环，内侧圆环较小，相互套接，外侧圆环较大又接出三角形环，用于与镳相接。

鹤嘴斧

东周

二级文物

长 11.9 厘米，援长 6 厘米，内长 1.8
厘米

1987 年今中卫市沙坡头区永康镇双达村
出土

中卫博物馆收藏

青铜质。銎内式戈，援似牛舌形，前端钝圆，
中部起脊，刃较厚，内銎宽圆，横切面呈
圆形，后内扁平，呈圆角长方形。

鹤嘴斧

东周

二级文物

长 16.5 厘米，宽 5.5 厘米，銎长径 2.9 厘米，短径 2.4 厘米

1987 年今中卫市沙坡头区永康镇双达村出土

中卫博物馆收藏

青铜质。一端扁刃为斧，一端尖圆呈鹤嘴状，中部为椭圆形銎。

铜 凿

东周

长 6.5 厘米，刃宽 1.5 厘米，銎短径 1.1 厘米，
长径 1.6 厘米

1998 年今中卫市沙坡头区香山乡黄泉村沙塘墓
葬盗掘后收缴

中卫博物馆收藏

青铜质。长方形銎，长方体凿身，剖面呈楔形，
双面平刃。

铜 凿

东周

三级文物

长 6.9 厘米，刃宽 0.7 厘米，銎径 1.4 厘米

1987 年今中卫市沙坡头区永康镇双达村出土

中卫博物馆收藏

青铜质。长方形銎，边沿侧面伸出一扁平小方耳，
耳面一穿孔；长方体凿身，剖面呈楔形，刃部
微弧。

铜 斧

东周

三级文物

长 8.4 厘米，刃宽 4 厘米，銎长径 3.7 厘米，短径 2.1 厘米，銎深 5.7
厘米

1987 年今中卫市沙坡头区永康镇双达村出土

中卫博物馆收藏

青铜质。长方銎直体宽刃式，銎中部置长方形钉孔，下沿有隐约的
宽边，宽刃外弧，双面刃。刃部有缺损。

三翼形铜镞

东周

长 4.1 厘米，翼宽 2.2 厘米，銎径 0.9 厘米

1994 年征集

中卫博物馆收藏

青铜质。三翼式，长管状铤。

铜 鍪

东周

三级文物

高 18 厘米，口径 13.54 厘米，腹径 13.7 厘米，

底径 11.6 厘米

2012 年征集

中卫博物馆收藏

青铜质。侈口，粗颈，圆鼓腹，圜底。上腹置单环耳。

三翼式铜镞

周代

共 13 件。长 3.5 厘米，铤孔 0.4 厘米，翼宽 1.1 厘米

1995 年征集

中卫博物馆收藏

青铜质。三翼式，截面呈三角形，短铤，圆铤孔。

铜 镞

战国

三级文物

共6件。长2.2—5.8厘米，宽0.6—1.3厘米，铤长0.7—0.9厘米

1988年杨志荣捐赠

中卫博物馆收藏

青铜质，共6件，有两翼式和三棱式两种形制，两翼式又有两种，一种是器身呈圆角等腰三角形，起脊不明显，一种是双翼后掠式，起脊呈尖棱形；三棱式，镞呈长条形，有三刃棱，上有尖锋，下出铤。三棱刃在弧度上有细微变化。

铜 戈

战国

三级文物

通长18厘米，援长11厘米，内长7厘米

2012年征集

中卫博物馆收藏

青铜质。援前刃钝尖，上刃斜直，下刃在援末与胡交接处成舒缓的弧线，胡上长方形三穿；内呈长方形，中部一长方形穿。

铜节约

战国

直径3.1厘米，孔径1.85厘米，底径3.02厘米，高1.69厘米

1982年杨志荣捐赠

中卫博物馆收藏

青铜质。呈扁圆形，中空，一面略弧，一面略凹，有一圆形穿孔；侧面有四个两两相对的圆形穿孔。

铜 铃

战国

三级文物

通高5.7厘米，铃径4.3厘米

1982年杨志荣捐赠

中卫博物馆收藏

铜质。双孔桥状铃座；铃首球形中空，内置圆形铃丸，上有三条音孔。

铜　饰

战国

长 9 厘米，宽 6.1 厘米，厚 0.1 厘米

1982 年杨志荣捐赠

中卫博物馆收藏

青铜质。一端呈椭圆形，较薄；一端管状柄，其上穿一孔。

铜　盘

战国

三级文物

口径 31 厘米，底径 11 厘米，高 8.5 厘米

2012 年征集

中卫博物馆收藏

青铜质。敞口，平沿，浅弧腹，平底。

铜 凿

战国

三级文物

长 6.7 厘米，刃宽 0.4 厘米，銎径 1.7 厘米

1987 年杨志荣捐赠

中卫博物馆收藏

青铜质。圆锥体形銎，侧面一对穿孔；凿身方柱体渐收为长扁平形。

铜 锛

战国

长 13.5 厘米，宽 4.3 厘米，銎长 2.9 厘米，宽 2.5 厘米

2005 年中卫市沙坡头区镇罗镇雷家沙窝出土

中卫博物馆收藏

青铜质。呈长方銎长体平刃式，底面平，上面呈斜坡式，单面刃，上面一穿孔。

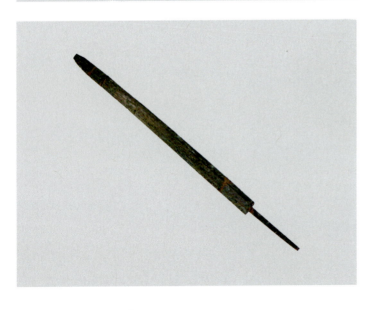

铜 剑

战国

三级文物

残长 70 厘米，刃宽 2—4 厘米，刃厚 1 厘米

2012 年征集

中卫博物馆收藏

青铜质。剑身细长，呈长体形，略扁平而薄，锋断，脊延伸为茎，无格无首。

双耳铜鍑

───────────────

战国

二级文物

高 18.5 厘米，口径 18 厘米，底径 11
厘米

2012 年征集

中卫博物馆收藏

青铜质。敛口圆唇，拱形耳对称竖立，丰肩，
斜弧腹内收，小平底。器身现竖直的分铸
合范接线。

双耳铜鍑

───────────────

战国

二级文物

高 16 厘米，口径 18 厘米，腹径 20 厘米，
底径 11 厘米

2012 年征集

中卫博物馆收藏

青铜质。敛口，窄折沿，拱形双附耳微内倾，
肩略鼓，深腹，小平底。颈肩部分别饰凸
弦纹，腹部一道竖向合范痕。

双系铜鍑

战国

三级文物

高 13 厘米，口径 13.5 厘米，底径 8 厘米

2012 年征集

中卫博物馆收藏

青铜质。敛口，圆唇，丰肩，弧腹内收，
小平底，腹部置对称双系，一系已残断。

铜灶具

战国

二级文物

通高 20 厘米，长 21 厘米，宽 15 厘米

2013 年征集

中卫博物馆收藏

青铜质。由灶、釜甑、匕等器具组成。灶
呈半椭圆体，中空，下腹置四蹄形足，灶
面置三个灶眼，尖拱形前端置排烟筒；大
灶眼上置釜、甑、盖齐备的一套炊具，并
立的两个小灶眼上置小釜，上置两匕。

双耳铜鍪

战国

二级文物

高 17 厘米，口径 20 厘米，底径 20 厘米

2012 年征集

中卫博物馆收藏

青铜质。敞口，束颈，折肩，弧腹内收，
小平底，肩部置对称双耳。

青铜盉

战国

三级文物

高 12 厘米，口径 11 厘米，腹径 12.1
厘米

2012 年征集

中卫博物馆收藏

青铜质。侈口，粗颈，小溜肩，圆鼓腹，
圆底；肩腹凸棱一圈，肩部一侧置小环形
系，对应的一侧置直筒形流，流上端置一
半圆环形小系。

双耳铜鍪

西汉

三级文物

高 12 厘米，口径 15 厘米，腹径 19 厘米，底径 12 厘米

2012 年征集

中卫博物馆收藏

青铜质，为古代一种炊具。侈口凹唇，束颈，溜肩，鼓腹，圜底，肩部置对称的竖向环耳，肩腹间饰一周凸弦纹。

铜 甗

西汉

三级文物

通高 18.56 厘米，锜高 6 厘米、腹径 17.05 厘米、口径 8.15 厘米、厚 0.88 厘米，甑高 6.37 厘米、口径 13.4 厘米、厚 0.21 厘米，盆高 6.19 厘米、口径 13.7 厘米、厚 0.2 厘米

2012 年征集

中卫博物馆收藏

青铜质。由锜、甑、盆组合而成。锜呈扁圆形，直口，丰肩，腰部凸出一周宽平沿，弧腹内收，圜底；甑侈口平沿，斜弧腹，圈足底与锜口相套，底部为镂空箅，腹部饰对称兽面衔环铺首；甑上部为盆，侈口平沿，斜弧腹，腹部置对称兽面衔环铺首，圈足底，形制与甑相同，可覆于甑上作盖用，也可正放作为盆使用。

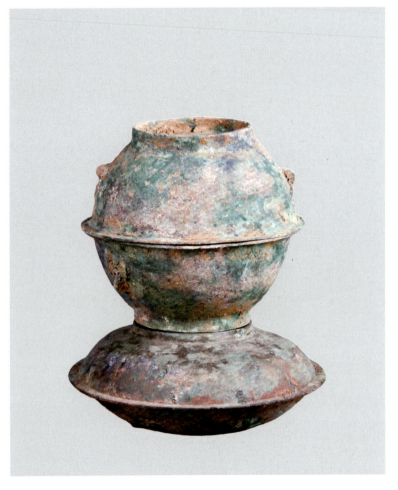

昭明连弧纹铜镜

西汉

三级文物

直径 8.5 厘米

1991 年今中卫市沙坡头区宣和镇林场汉墓出土

中卫博物馆收藏

青铜质。圆形，圆钮，圆钮座。钮外环绕两周弦纹和一周内向八连弧纹带，连弧带外又饰两周锯齿纹带，其间为缪篆铭带："内而清而质昭而明光而象夫日月心而忽而不泄"。窄缘内卷。

星云纹铜镜

西汉

直径 9.3 厘米

2011 年征集

中卫博物馆收藏

青铜质。圆形，圆钮，圆钮座。圆钮向外分饰一周细乳钉纹、凸弦纹和内向八连弧纹。两组细短斜线纹圈带内为主纹，由四个带圆座乳钉间饰星云纹。十六连弧镜缘。纹饰清晰，立体感很强。

昭明连弧纹铜镜

西汉

三级文物

直径 8.8 厘米

1990 年征集

中卫博物馆收藏

青铜质。圆形，圆钮，圆钮座。钮座外以细弦纹带，带内置铭文"内而清而日而月而……"素宽缘微凸。锈蚀严重。

昭明连弧纹铜镜

西汉

三级文物

直径 12.3 厘米

1985 年祁良宝捐赠

中卫博物馆收藏

青铜质。圆形，圆钮，钮外一周梅点纹，圆钮座。座外一周凸弦纹及一周内向八连弧纹带，连弧间有简单纹饰。其外两周短斜线纹之间有铭文："内而清而以而昭而明而光而夫而日而月而不而泄"。素宽缘凸起。铭文或"内清质以昭明，光象夫日月，心忽忠，不泄"。

星云纹铜镜

西汉

三级文物

直径 11.2 厘米

1987 年今中卫市沙坡头区常乐镇李营汉墓出土

中卫博物馆收藏

青铜质。圆形，圆钮，圆钮座，十六连弧镜缘。钮外一周细小乳钉纹带，再外一周细弦纹加一周内向十六连弧纹带。中区四圆圈乳钉纹间饰星云纹。

日光连弧纹铜镜

西汉

三级文物

直径 7.7 厘米

1989 年今中卫市沙坡头区常乐镇四眼井遗址出土

中卫博物馆收藏

青铜质。圆形，圆钮，圆钮座。钮座外一圈八内向连弧纹，钮座四周均匀地伸出四条短弧线条。连弧纹外有两个细弦纹圈带，中间置似篆似隶变体铭文："见日之光，天下大明"，每字之间以菱形符号间隔。宽素缘凸起。

四乳四虺铜镜

汉代

三级文物

直径 10.3 厘米

1987 年今中卫市沙坡头区镇罗镇张家山汉墓出土

中卫博物馆收藏

青铜质。圆形，圆钮，圆钮座，宽素缘。圆钮座外有四组回旋线条纹及一周凸弦纹。两组细短斜线纹圈带内为四乳与四虺纹相间环绕。四乳带圆座，四虺呈钩形躯体，两端同形，在身躯外侧各一只有冠羽鸟纹，身体内侧分饰带冠羽立鸟、展翅飞翔鸟、兔等纹饰。

四乳四虺铜镜

汉代

直径 9 厘米

2003 年中卫市沙坡头区宣和镇林场汉墓出土

中卫博物馆收藏

青铜质。圆形，圆钮，圆钮座。圆钮座外有四叶纹及一周凸弦纹。两组细短斜线纹圈带内为主纹，为四乳与四虺纹相间环绕。四乳带圆座，四虺呈钩形躯体，两端同形，在身躯两侧又饰以羽鸟纹等。素宽缘。

四乳四神铜镜

汉代

直径 18.5 厘米

2011 年征集

中卫博物馆收藏

青铜质。圆形，圆钮，双边框方钮座。宽缘，缘上饰一周螭虺纹，内沿饰锯齿纹；方钮座与缘之间为主纹，饰四神四乳纹，钮座四边框对应四神，四角对应四乳钉，外侧以一周短斜线纹为主纹边框。

凸弦纹铜豆

汉代

三级文物

高 7.3 厘米，口径 10.5 厘米，底径 6.1 厘米

1999 年征集

中卫博物馆收藏

青铜质。敞口，圆唇，斜弧腹，喇叭形高圈足，圈足顶部饰一周凸弦纹。

铜　碗

汉代

三级文物

高 5 厘米，口径 14.5 厘米，底径 6 厘米

2012 年征集

中卫博物馆收藏

青铜质。敞口，宽折沿，斜弧腹，小平底。口沿残缺。

双耳铜鍪

汉代

二级文物

高 17 厘米，口径 20 厘米，腹径 25 厘米

2012 年征集

中卫博物馆收藏

青铜质。敛口撇沿，弧腹外鼓，圜底。肩部置对称环耳。

铜　盆

汉代

三级文物

高 15 厘米，口径 37 厘米，底径 22 厘米

2012 年征集

中卫博物馆收藏

青铜质。敞口，宽平沿，深弧腹，平底。素面。

琵琶形铜带钩

———————————

汉代

高 1.8 厘米，长 6.5 厘米，钮高 0.9 厘米

2003 年中卫市沙坡头区宣和镇林场汉墓出土

中卫博物馆收藏

青铜质。钩体呈琵琶形，钩身一端背面扁平，置椭圆形钮，正面鼓起成宽圆弧形，另一端收细回转成龙首形钩首。

鹅形铜带钩

———————————

汉代

长 8.2 厘米

2003 年中卫市沙坡头区宣和镇林场汉墓出土

中卫博物馆收藏

青铜质。钩体呈鹅形，鹅身体浑圆饱满，两翼紧贴腹部，双掌聚拢成钩钮，鹅长颈尽力前伸，鹅首回转成钩首。鹅身阴刻羽纹装饰，鹅首面部轮廓清晰，制作精美。

琵琶形铜带钩

———————————

汉代

长 12.3 厘米，宽 2.2 厘米

2011 年征集

中卫博物馆收藏

青铜质。呈琵琶形，钩身扁平微弧，一端宽圆，背面置圆钮，另一端收细回转成钩首。素面。

带盖铜盒

汉代

高 9 厘米，底径 4.3 厘米

2003 年中卫市沙坡头区宣和镇林场汉墓出土

中卫博物馆收藏

青铜质。器身呈长筒形，圆口，深直腹，平底，器身一侧置单系；盖顶部微弧，中心置一细小环钮。

凸弦纹带盖铜管饰

汉代

通长 10.7 厘米，直径 1.5 厘米，盖高 1.6 厘米，盖直径 1.2 厘米

1991 年今中卫市沙坡头区宣和镇林场汉墓出土

中卫博物馆收藏

青铜质。器身呈长筒状，中空，一端带盖；器身饰三组凸弦纹。通体锈蚀较重。

铜镳斗

汉代

1991 年今中卫市沙坡头区宣和镇林场汉墓出土

高 3.5 厘米，口径 9.2 厘米，柄长 8 厘米

中卫博物馆收藏

青铜质。直口，方唇，浅直腹，平底，三马蹄形足，扁平长曲柄。

连弧纹铜车害

汉代

三级文物

高3.4厘米，帽径3.7厘米，帽高1.4厘米，柄銎长1.2厘米，宽1.1厘米，銎高1.9厘米

1992年今中卫市沙坡头区宣和镇林场汉墓出土

中卫博物馆收藏

青铜质。为古代车轴端重要部件，用以固定辖。害身呈圆筒状，一端中空，套在轴端，一端置圆帽顶，帽顶近端有固定辖的对穿孔；帽顶上饰旋涡纹、连弧纹、凹弦纹等。

铜弩机

汉代

三级文物

高3.5厘米，长6厘米，宽1.4厘米

1987年今中卫市沙坡头区镇罗镇张家山汉墓出土

中卫博物馆收藏

青铜质。弩机由机身、钩心、望山、牙、键、悬刀等构件组成，现仅存机身、钩心和一个键。

对穿孔铜镳

汉代

共2件。其一长8.4厘米，宽0.5厘米，孔径0.1厘米；其二长8.5厘米，宽0.8厘米，孔径0.2厘米

2003年中卫市沙坡头区宣和镇林场汉墓出土

中卫博物馆收藏

青铜质。呈长条S形，中部置两对穿孔，通体鎏金。

铜弩机

汉代

三级文物

机身长 8.25 厘米，宽 3.2 厘米，厚 2.84 厘米；悬刀高 8.7 厘米，宽 1.9 厘米，厚 0.9 厘米；望山高
5.7 厘米，宽 2.4 厘米，厚 0.7 厘米；牙高 0.9 厘米，厚 0.7 厘米；键长 5.2 厘米，键径 1.16 厘米

2007 年征集

海原县文物管理所收藏

青铜质。弩机各部件保存完整。长方体机身，中部带卡槽，前后置两圆形枢轴，用于固定相关构件。
机身后端上部置望山和牙，下部置悬刀，前端下部置勾心。

铜盖弓帽

汉代

共 12 件。长 2.5 厘米，帽径 1.1 厘米

2003 年中卫市沙坡头区宣和镇林场汉墓出土

中卫博物馆收藏

青铜质。盖弓帽为古代车马具铜部件，系装套在车盖弓
骨的末端。器身呈管状，一端中空，可套在车盖弓骨末端，
一端置圆帽顶，器身有钩爪。

铜　印

汉代

三级文物

高 1.1 厘米，长 1.6 厘米，宽 1.6 厘米

1987 年今中卫市沙坡头区镇罗镇张家山汉墓出土

中卫博物馆收藏

青铜质。印面呈正方形，钮已残，正面阴刻篆文，已生锈，字迹漫漶不清。

"王庆印"铜印

汉代

高 1.6 厘米，边长 1.7 厘米

2003 年中卫市沙坡头区宣和镇林场汉墓出土

中卫博物馆收藏

青铜质。印面呈正方形，阴刻篆文"王庆印"三字，背面置拱形钮。

"王谭印" 铜印

汉代

高 1.4 厘米，长 1.5 厘米，宽 1.5 厘米

2003 年中卫市沙坡头区宣和镇林场汉墓出土

中卫博物馆收藏

青铜质。印面呈正方形，阴刻篆文"王谭"二字，背面置拱形钮。印章字迹清晰，制作精良，保存完好。

铜棺花

汉代

直径 7.8 厘米

1991 年今中卫市沙坡头区宣和镇林场汉墓出土

中卫博物馆收藏

青铜质。柿蒂形棺花，向外伸出四个叶片，中部有孔，孔中嵌棺钉，圆凸状钉帽。表面鎏金。

海兽铭文铜镜

唐代

直径 8.5 厘米

1998 年征集

中卫博物馆收藏

铜质。圆形，圆钮。以钮为中心，饰一周海兽纹，最外一周铭文带；窄缘边凸起。

瑞兽铭文铜镜

唐代

二级文物

直径 10.8 厘米

1992 年征集

中卫博物馆收藏

铜质。圆形，圆钮座。以钮为中心向外分别排列四个等距的带框铭文，铭文外空白区饰多种瑞兽，最外边饰一周竖线纹带；宽缘，内侧饰长连弧纹。

海兽飞禽铜镜

唐代

二级文物

直径 11 厘米

1990 年征集

中卫博物馆收藏

铜质。圆形，圆钮座，窄缘。纹饰以钮为中心，被一周凸弦纹分隔为内外二区。内区饰四海兽，外区饰一周飞禽纹。

仿汉昭明连弧纹铜镜

唐代

三级文物

直径 13.2 厘米

1997 年征集

中卫博物馆收藏

铜质。圆形，圆钮，四叶纹钮座。座外一圈凸弦纹带和一周内向八连弧纹带，两圈短斜线纹带之间置一周铭文，内容为"内而青而明而月而古而明而光而夫而明而日而月而不而入"；宽素缘。

菊花纹铜镜

宋代

直径 7 厘米

1989 年征集

中卫博物馆收藏

铜质。圆形，半球形钮。以钮为中心饰菊花纹，外侧两周细弦纹；窄缘凸起。

许由巢父故事铜镜

宋代

三级文物

直径 13 厘米

2013 年征集

中卫博物馆收藏

铜质。圆形，桥形钮。饰人物故事纹，背景为群山高树，一人倚牛而立，右手作回执状，一人端坐，右手抬至耳边，内容为许由巢父故事。素缘较宽。

山水纹"明月乾坤"铭文铜镜

————————————

宋代

三级文物

直径 13 厘米

1990 年征集

中卫博物馆收藏

铜质。圆形，圆钮。以钮为中心，以方框为间隔，分内方外圆两个装饰区，内区浮雕山水花草树木纹饰，右侧两行竖排诗文"天下太平内□□，满凡明月央乾坤"；外区饰四组纹饰；宽平缘。纹饰不甚清晰。

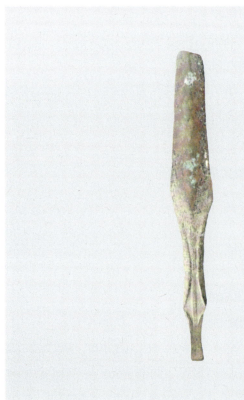

铜　矛

————————————

宋代

长 16.3 厘米，宽 2.5 厘米，中段厚 0.55 厘米

1984 年征集

海原县文物管理所收藏

青铜质。矛身呈长三角形，中部起脊，两刃平直，锋刃缺失；茎呈扁长形，两侧微弧。

花鸟纹带柄铜镜

宋代

通长 12.95 厘米，直径 7.2 厘米，缘厚 0.3
厘米，柄长 5.6 厘米

1984 年征集

海原县文物管理所收藏

青铜质。圆形带柄。镜面窄缘微卷，镜背
中心置圆钮，钮两侧饰花鸟纹，外围一周
细弦纹。柄长条形。

二郎神铜坐像

宋代

高 22 厘米，宽 14 厘米，座厚 7.35 厘米

1984 年征集

海原县文物管理所收藏

青铜质。二郎神身着甲胄，端坐于座上，额
间圆凸，眉眼上挑，表情威严勇猛；双腿垂地，
微外撇呈八字形，双臂端放于大腿上。座残缺。

齿轮形铜饰件

西夏

口径 4.1 厘米

1989 年今中卫市沙坡头区常乐镇四眼井遗址出土

中卫博物馆收藏

圆齿轮形，扁平，中部圆穿孔，边缘一周呈锯齿状。正面素面，背面饰螺纹。

贲巴壶

西夏

一级文物

通高 18.1 厘米，口径 7.3 厘米，腹径 10 厘米，底径 8 厘米

1989 年今中卫市沙坡头区常乐镇四眼井遗址出土

中卫博物馆收藏

贲巴壶为藏传佛教法器或佛事活动贮水用的净水壶。由盖和壶组成，壶为盘口，束颈，球腹，高圈足外撇，腹部置曲流，颈和高足上饰凸弦纹，底足外沿饰多道细弦纹；盖为覆盆式，撇口直沿，弧腹，平底，沿下饰两周凹弦纹，顶部置桃形钮。

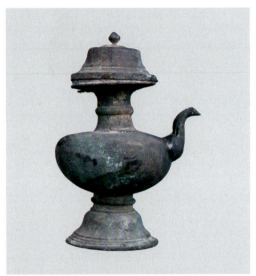

铜 盅

西夏

高 2.8 厘米，口径 6 厘米，底径 2.3 厘米

1989 年今中卫市沙坡头区常乐镇四眼井遗址出土

中卫博物馆收藏

敛口，弧腹，矮圈足；素面。

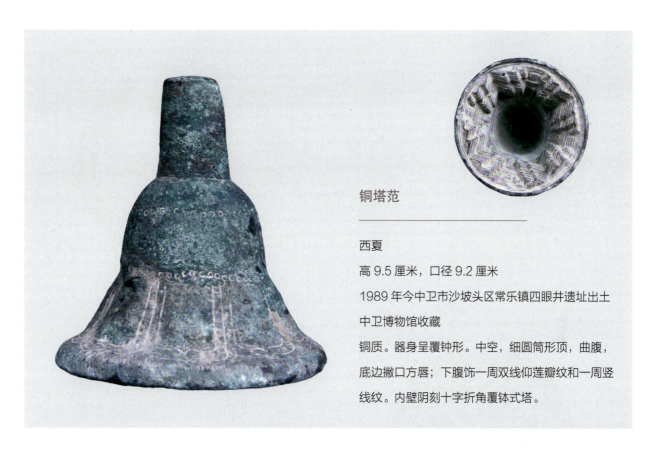

铜塔范

西夏

高 9.5 厘米，口径 9.2 厘米

1989 年今中卫市沙坡头区常乐镇四眼井遗址出土

中卫博物馆收藏

铜质。器身呈覆钟形。中空，细圆筒形顶，曲腹，底边撇口方唇；下腹饰一周双线仰莲瓣纹和一周竖线纹。内壁阴刻十字折角覆钵式塔。

花卉纹铜镜

辽代

直径 6.4 厘米

2011 年征集

中卫博物馆收藏

圆形，钮残缺。内区饰缠枝花草纹；宽素缘微凸。

菱花钮座素面铜镜

辽代

直径 7.4 厘米

1991 年征集

中卫博物馆收藏

铜质。圆形，圆钮，花瓣纹钮座；素面，宽平缘。

镂空缠枝花纹铜环饰

金代

三级文物

直径 6.5 厘米

1990 年征集

中卫博物馆收藏

铜质。呈圆环形，缘边浑圆，上饰多道凸弦纹，圆环内沿边缘处饰一周镂空缠枝花卉纹。

双鱼纹铜镜

金代

三级文物

直径 12 厘米，缘厚 0.7 厘米

2013 年征集

中卫博物馆收藏

铜质。圆形，桥形钮。一周凸弦纹将镜面分内外两区。内区为主纹，以钮为中心，饰反向游弋的双鱼，两鱼间饰水草纹；外区素面；窄缘边凸起。

人物聚宝铜镜

元代

二级文物

直径9.4厘米，缘厚0.6厘米

1991年征集

中卫博物馆收藏

铜质。圆形，银铤钮。钮上方饰仙阁、画卷，两侧饰展翅高飞的仙鹤，钮两侧各饰一人，手托食盘作行走状，外侧饰书卷、圆葫芦，钮下方饰一瑞兽张嘴翘尾伏在地上，下面饰宝钱，两侧饰梅花、盘肠。素窄缘。

"状元及第"铭文铜镜

明代

三级文物

直径9.2厘米

1990年征集

中卫博物馆收藏

铜质。圆形，圆钮。以钮为中心，饰十字方框纹，方框内书"状元及第"四字，外侧环绕一周细弦纹。窄素缘。

"百子千孙"铭文铜镜

明代

一级文物

直径41.5厘米，缘厚1.5厘米

1984年征集

海原县文物管理所收藏

铜质。镜面圆形，宽平缘，球形钮，圆钮座，钮座四面分饰四个细边方框，框内楷体铭文"百子千孙"。铜镜器形规整，品相极好。

铜 镜

明代

三级文物

直径 4.6 厘米

1991 年征集

中卫博物馆收藏

铜质。圆形，桥形钮，窄缘，中部饰一周凸弦纹。素面。

弦纹铜镜

明代

三级文物

直径 8.9 厘米

1990 年征集

中卫博物馆收藏

铜质。圆形，圆柱状钮，钮外一周凸弦纹；窄缘凸起。

"长命富贵"铭文铜镜

明代

三级文物

直径 11.4 厘米

1984 年原县畜产公司收购门市部拣选

中卫博物馆收藏

铜质。圆形，圆钮座。以钮为中心饰十字方框纹，方框内书"长命富贵"四字，方框间饰花草纹，外侧环绕一周细弦纹。窄素缘。

人物瑞图铜镜

明代

三级文物

直径 7.2 厘米

1987 年赵文昌捐赠

中卫博物馆收藏

铜质。圆形，银铤钮。钮上部饰仙阁，两个人物分侍左右，手托物品呈跪姿状，钮下方分饰钱纹、灵芝草纹和书卷纹。窄素缘。

"喜生贵子"铭文铜镜

明代

直径 11.8 厘米，缘厚 0.6 厘米

1984 年征集

海原县文物管理所收藏

铜质。镜面圆形，窄缘微卷，圆钮，钮四周分饰四个宽边方框，框内楷体铭文"喜生贵子"。

"湖州□造"铭文带柄铜镜

明代

三级文物

通长 26.5 厘米，直径 15.5 厘米

1989 年征集

中卫博物馆收藏

铜质。圆形镜身，长条形柄。镜素面，在中心弧线纹内铸"湖州□造"款。宽平缘。

阿弥陀佛铜坐像

明代

三级文物

通高 18 厘米，底径 9.3 厘米，莲花座径 12.3 厘米，佛
身高 8.1 厘米，佛首高 3.7 厘米

1992 年旧藏

高庙保安寺收藏

铜质。佛像螺发，肉髻低平，面相方圆，细眉隆鼻，长
眼微敛，颈饰三道颈纹。袒胸，身披通肩式袈裟。双腿
结跏趺坐于束腰重层仰莲台上。左手掌心向上托莲花于
腹前，右手上举，掌心朝外，食指与大拇指相捻，其余
三指自然舒散，呈说法印。

释迦牟尼铜坐像

明代

通高 18.5 厘米，座长 11 厘米，宽 7.2 厘米

1995 年旧藏

高庙保安寺收藏

铜质。佛像螺发，高肉髻。面相方圆饱满，长耳下垂，细眉高鼻，
长眼微敛。袒胸，身披通肩式袈裟。双腿结跏趺坐于四足承
托的束腰仰俯莲台上。左手置于腿上，掌心向上，拇指压于
掌心，中指略向上弯，其余三指自然舒散；右手上举掌心向外，
拇指与食指相捻，拿有一摩尼珠。

铜佛坐像

明代

二级文物

通高 36 厘米，座长 23 厘米，座宽 16 厘米

1984 年征集

中宁县文物管理所收藏

铜质。佛像螺发，肉髻高耸，髻顶饰宝珠。面相方圆，长耳下垂，额间有白毫，弯眉，高鼻，双眼微敛。身体前倾。上身袒，下身着裙，腰系带。外披通肩或袈裟，过胸腹之际后搭至左肩臂下垂。两腿结跏趺坐于覆莲台上，莲台上下边缘施联珠纹。双手于腹前结禅定印。

铜鎏金药师佛坐像

明代

三级文物

通高 18 厘米，宽 8.9 厘米；座高 4.2 厘米，长 10.7 厘米，宽 6.2 厘米；佛首高 5.8 厘米，宽 4 厘米

1986 年征集

中卫博物馆收藏

铜质。佛像螺发，高肉髻，髻顶饰宝珠。面相方圆，细眉高鼻，长耳下垂。身着袒右肩式袈裟，覆至左肩臂后下垂。双腿结跏趺坐于束腰重层仰俯莲台之上。左手掌心朝上，执药果于腹前，右手置于右膝，掌心朝上，拇指与食指、中指相捻，其余两指自然舒散。

"正统十一年"铁鸣钟

明代

二级文物

高 140 厘米，口径 97 厘米

1446 年旧藏

高庙保安寺收藏

铁质。狮首环形钮，六花瓣口；外壁沿花口饰六连弧，其上分别饰四组横向凸弦纹、六组竖向凸弦纹，将外壁分为十八方格和十八竖长方形，顶部方格内饰梵文，底部方格和竖长方形内饰八卦纹，中部一方格内为铭文。

长命锁

清代

1998 年收缴

中卫博物馆收藏

黄铜质，共两件。其中一件为如意头状，锁身楷体"长命百岁"四字。另一件镌刻成折枝莲花纹，莲花花蕊部位饰一周联珠纹，花蕊部和两肩部卷莲叶中部镶嵌物缺失。

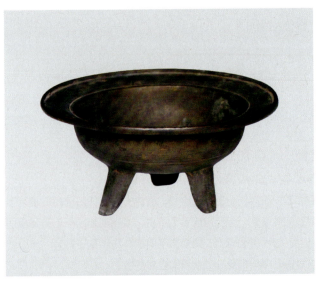

三足铜盆

清代

三级文物

口径 9.5 厘米，高 4 厘米，足高 1.7 厘米

1988 年征集

中卫博物馆收藏

铜质。圆口，宽折沿，弧腹，圜底，置三足。

三兽足铜火盆

清代

三级文物

高 15 厘米，直径 44 厘米，足高 10 厘米

1990 年征集

中卫博物馆收藏

铜质。器身盘口，宽折沿，沿边折起，弧腹，圜底，下腹置三兽足。

仿"大明宣德"款景泰蓝铜香炉

清代

高 8.5 厘米，口径 13 厘米，足高 2.5 厘米

2013 年征集

中卫博物馆收藏

铜质。炉敛口，平沿，对称拱形竖耳微外倾，束颈，溜肩，曲腹，寰底，底部置三兽蹄足。炉身颈部饰一周凸弦纹，腹部以凸棱连弧纹组成一个菱花瓣，下腹部随凸棱连弧纹的起伏转折为多棱曲面形。自颈部至腹部以红、黄、蓝、绿、白等多色饰三层缠枝花卉纹。器型独特，纹饰繁复艳丽。

仿"大明宣德年制"款三足铜香炉

清代

三级文物

高 11.5 厘米，腹径 20 厘米

1984 年征集

中宁县文物管理所收藏

铜质。圆口，沿部置对称桥形竖耳，矮颈，六棱弧扁腹，三钝锥形实足。

鎏金铜菩萨像

清代

三级文物

高 3.5 厘米，宽 3 厘米，厚 1.5 厘米

1989 年征集

中卫博物馆收藏

铜质。头戴花冠，面相方圆，细部不清。右臂高举，右手持物，左手手势不清。双腿结跏趺坐于束腰仰俯莲台上。

铜弥勒佛坐像

清代

三级文物

高 5.7 厘米，长 8.8 厘米，宽 6.9 厘米

1987 年征集

中卫博物馆收藏

铜质。弥勒佛脸部浑圆，前额凸起，笑眉乐目，开口常笑；着佛衣，袒胸露腹，大腹外凸，左腿屈起，右腿盘起，箕居而坐。

铜鎏金释迦牟尼坐像

清代

高 24 厘米，座长 11.4 厘米，宽 6.8 厘米

1995 年旧藏

高庙保安寺收藏

铜质。通体鎏金，佛像螺发，肉髻高耸，长耳下垂，面相方圆，眉间有白毫，双眼微敛，高鼻、朱唇。上身袒，下身着裙，外披袒右肩式袈裟。双腿结跏趺坐于束腰仰俯莲台上。左手平举于胸前，五指并拢，掌心朝上，右臂上举于体前，掌心向外，手指自然舒散，呈无畏印。

镂空盖提梁式手炉

清代

高 7.2 厘米，口宽 6.6 厘米，口长 8 厘米，底宽 8 厘米，底长 9.7 厘米

1986 年征集

中卫博物馆收藏

铜质。铜手炉又称"袖炉""手薰""火笼"等，是古代宫廷乃至民间普遍使用的掌中取暖工具。该手炉为黄铜质，素面；炉身圆角长方形，方口直沿，折肩，直腹，平底，炉身中部置提梁；盖为圆角长方形，顶部镂空。

"方正而明"铭文铜镜

清代

三级文物

直径 9 厘米，厚 0.5 厘米

1993 年发掘

中宁县文物管理所收藏

铜质。方形，宽素缘，无钮。内区竖排楷体"方正而明万里无尘水天一色犀照群伦"十六字诗文，末尾一篆体"茗溪"圆形章和"薛惠公造"方形章。

虎首柄双环纹铜钗

清代

通长 19.2 厘米，柄长 9.7 厘米

1986 年捐赠

中卫博物馆收藏

铜质。通体细长。扁平细长柄，虎首形柄首；两股细长，中部偏后饰相套的两圆环。

铁　刀

战国

共 2 件。长 25—31.5 厘米，厚 0.2—0.4 厘米

2013 年征集

中卫博物馆收藏

铁质。共两件，形制不同。一件刀身扁平，半环首，扁平柄，刀背平直，刃部微弧；另一件刃部扁平外弧，短柄，柄首内卷。

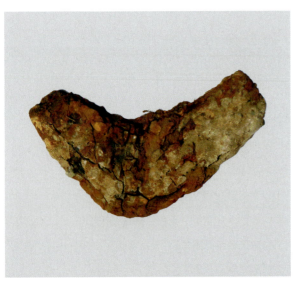

铁犁头

汉代

长 13 厘米，宽 3 厘米，厚 1.8 厘米

1991 年今中卫市沙坡头区宣和镇林场汉墓出土

中卫博物馆收藏

铁质。犁头呈 V 字形，中间起脊，外侧带刃，有柄孔。表面锈蚀严重，有剥层。

铁　剑

宋代

三级文物

残长 25.5 厘米，把长 1.7 厘米，刃宽 4 厘米

1989 年今中卫市沙坡头区常乐镇四眼井遗址出土

中卫博物馆收藏

铁质。剑柄残断，剑身中部起脊，两刃平直，至前锋处收为三角形锋刃。锈蚀严重。

卷云纹铁灯盏

西夏

三级文物

柄高 5.4 厘米，盏高 4.0 厘米，口径 10 厘米，底径 7.2 厘米

1993 年征集

海原县文物管理所收藏

铁质。盏身半圆形，敞口圆唇，弧腹，圜底；器身一侧莲瓣形錾手，上饰卷云纹装饰，盏内置圜底形油盘。器物表面粗糙不平，有锈蚀。

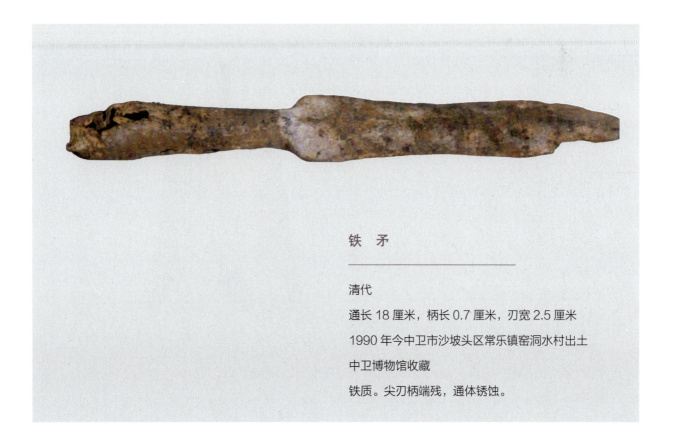

铁　矛

清代

通长 18 厘米，柄长 0.7 厘米，刃宽 2.5 厘米

1990 年今中卫市沙坡头区常乐镇窑洞水村出土

中卫博物馆收藏

铁质。尖刃柄端残，通体锈蚀。

铁 钟

清代

三级文物

高 140 厘米，口径 96 厘米

1978 年旧藏

高庙保安寺收藏

铁质。双兽首钮，环形顶，圆肩，深腹，八花瓣口，肩部置三圆孔；器身饰四层纹饰，最上一层饰一周圆角方框纹，每框内镌刻一个字，第二层连续花口长方框纹，第三层连续花口方框内饰满折枝花卉纹，第四层饰一周回纹边框加一周凸弦纹，第五层花瓣口沿上部饰一周水波纹，倒尖角处饰八卦卦名；八瓣外侧饰太极图。

铁 钟

清代

三级文物

高 120 厘米，口径 80 厘米

1980 年旧藏

高庙保安寺收藏

铁质。狮首钮，寰顶，圆肩，深腹，八花瓣口，肩部置三个圆口。腹部双弦纹带内排列六个长方形铭文区；口沿上部饰一周花卉纹，爪部饰连珠乳钉纹。

金银器

桃形镶珍珠金钗

明代

共 2 件，裂为 4 段。长度分别为 5.5 厘米、5.5 厘米、6 厘米、5.3 厘米

1986 年发掘

中宁县文物管理所收藏

金质。共 2 件，形制基本相同，均已断为两段。钗为两股簪绞合而成，钗头为桃心形，钗头以下两股金丝相绞合为五个花瓣，中间串饰珍珠，钗尾部成一股，已断为两段。

"状元及第"银锁

明代

长 11.2 厘米，宽 8.3 厘米，厚 2 厘米

2013 年征集

中卫博物馆收藏

银质。锁身呈如意头状，正面自右至左"状元及第"四字，四周环绕缠枝花卉纹等纹饰。锁下端分挂五个挂铃，铃身饰满花卉纹、联珠纹等纹饰。

站洋 "ONE DOLLAR" 银币

清代

三级文物

共 2 枚。径 3.85 厘米，厚 0.2 厘米

1988 年今中卫市沙坡头区高庙公园内出土

中卫博物馆收藏

银质。1895 年英国政府在伦敦、孟买、加尔各答三地铸币厂铸造的一种主要用于亚洲贸易的银币，因币面有站立人物像而被国内俗称为"站洋"或"站人"。银圆正面中央是一持戟和盾的不列颠女神像，上端在女神左右有英文"ONE DOLLAR"字样，下有纪年；背面中央为寿字纹，上下为中文"壹圆"二字，左右为马来文"壹圆"二字。做工精良，纹饰精美。这种集英文、中文、马来文于一体的币种，在国际铸币史上非常稀少，是一段特殊时期历史的见证。

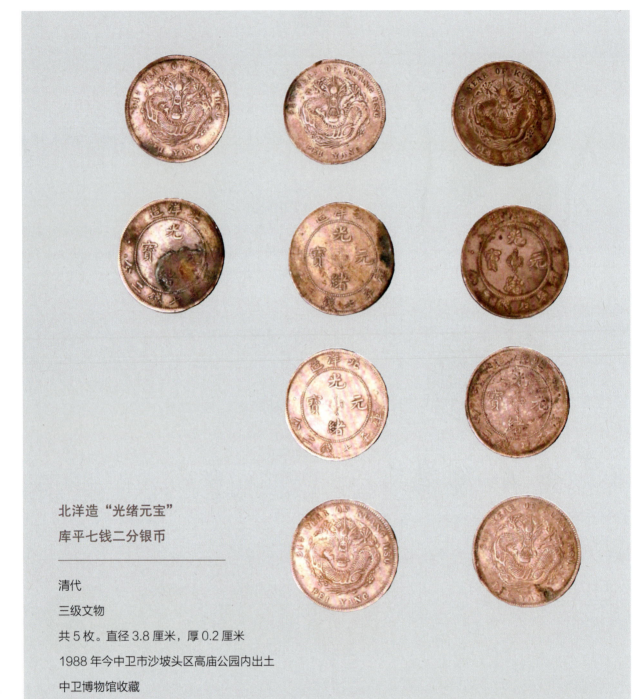

北洋造 "光绪元宝"
库平七钱二分银币

———————————————

清代

三级文物

共 5 枚。直径 3.8 厘米，厚 0.2 厘米

1988 年今中卫市沙坡头区高庙公园内出土

中卫博物馆收藏

银质。北洋造光绪元宝库平七钱二分是由北洋银元局制造发行的，其前身为北洋机器局下属的机器铸钱局，光绪二十五年更名为"北洋银元局"，其后铸造的钱币改为"北洋造"，因不便流通，铸造量少，故存世也少。钱币正面饰两周凸棱连弧纹，中部圆弧内刻楷体"光绪元宝"四字，外侧圆弧内上部刻"北洋造"三字，下部刻"库平七钱二分"字样；背面中间饰蟠龙纹，外缘一周"34 YEAR OF KUANG HSU PEI YANG"字样等。钱币包浆自然，文字鼓凸，笔画纹饰滚圆深竣，做工精致。

瓷　器

耀州窑黑釉瓷碗

宋代

高 4.2 厘米，口径 14.4 厘米，足径 4 厘米

1994 年征集

海原县文物管理所收藏

撇口，圆唇，斜腹微弧，小圈足。通体施黑釉，足底无釉，胎薄质坚，器形规整，釉色莹润匀净，黑亮。口沿经粘复完整。

耀州窑青釉刻弦纹出筋碗

宋代

高 7.5 厘米，口径 20 厘米，足径 5.5 厘米

1994 年征集

海原县文物管理所收藏

敞口，圆唇，斜直腹，小圈足。通体施青釉，碗内有六道白色细出筋，碗心及外壁刻饰弦纹装饰，胎薄质坚，色泽清幽。器身经粘复完整。

耀州窑青釉模印牡丹纹碗

宋代

高 8.1 厘米，口径 19.1 厘米，足径 5.4 厘米

1994 年征集

海原县文物管理所收藏

敞口，圆唇，斜直腹，小圈足。通体施青釉，碗内壁沿部以下满饰模印牡丹花纹，纹饰繁复，胎薄质坚，釉色沉静。器身有裂纹，口沿微残。

褐釉四系剔刻缠枝菊花纹扁壶

西夏

二级文物

高 35 厘米，口径 7 厘米，厚 18 厘米

1984 年征集

海原县文物管理所收藏

器形扁圆，圆口唇沿，直颈，扁圆腹，四系分置器身两侧，器腹两面中部置圈足。通体施褐釉，器腹围绕圈足饰一周剔刻缠枝菊花纹，边缘饰一周细弦纹，纹饰大气雅致，立体感强，釉色温润，器形独特美观。

黄褐釉双耳瓷罐

西夏

二级文物

高 23 厘米，口径 24.7 厘米，底径 9 厘米

1989 年今中卫市沙坡头区常乐镇四眼井遗址出土

中卫博物馆收藏

直口圆唇，直颈，垂肩，腹微鼓，小圈足；颈肩部置对称绶带耳；器身施黄褐釉，釉不及底。

褐釉弦纹双耳壶

西夏

二级文物

共 2 件。其一高 26.5 厘米，口径 3.1 厘米，底径 9.3 厘米；其二高 27 厘米，口径 4.6 厘米，底径 8.5 厘米

1989 年今中卫市沙坡头区常乐镇四眼井遗址出土

中卫博物馆收藏

两件器物造型及装饰风格大体相同，均为小口唇沿，束颈，圆肩，鼓腹，圈足，其中一件颈部置对称绶带耳；外施黑褐色，釉不及底；肩部均有一圈涩圈，腹部饰两组弦纹。

黑釉瓷碗

西夏

三级文物

共 2 件。高 7.8 厘米，口径 19.5 厘米，底径 7.5 厘米

1989 年今中卫市沙坡头区常乐镇四眼井出土

中卫博物馆收藏

敞口圆唇，斜弧腹，矮圈足；通体施黑釉，釉色黑亮，外壁釉不及底，内底涩圈，釉色黑亮。

黑釉瓷碗

西夏

三级文物

共 2 件。高 8 厘米，口径 20 厘米，底径 8.3 厘米

1989 年今中卫市沙坡头区常乐镇四眼井遗址出土

中卫博物馆收藏

敞口，尖唇，斜弧腹，矮圈足。通体施黑釉，釉色较亮。外壁施釉不及底，内底有涩圈。

黑釉大口瓷罐

西夏

三级文物

高 36 厘米，口径 24.5 厘米，底径 16 厘米

1989 年今中卫市沙坡头区常乐镇四眼井遗址出土

中卫博物馆收藏

敛口平沿，矮颈，丰肩，腹部内收，小平底；器身外部施黑釉。

白釉瓷碗

西夏

三级文物

高 7.5 厘米，口径 18.9 厘米，底径 5.3 厘米

1989 年今中卫市沙坡头区常乐镇四眼井出土

中卫博物馆收藏

敞口，圆唇，斜弧腹，矮圈足，内壁通体施白釉，外壁施半釉，釉色白中泛灰，釉面薄厚不匀。

白釉褐彩瓷碟

金代

高 3.4 厘米，口径 18.5 厘米，底 10.5 厘米

2005 年征集

中宁县文物管理所收藏

敞口，圆唇，浅弧腹，圈足。通体施白釉，以褐彩装饰。口沿内壁绘两周褐彩双弦纹夹一周绳索纹，内底绘褐彩折枝花草纹。

白釉弦纹小口瓶

元代

三级文物

高 15.5 厘米，口径 3.5 厘米，底径 6.5 厘米

1989 年今中卫市沙坡头区常乐镇小柳树采集

中卫博物馆收藏

小口圆唇，细颈，折肩，深腹微弧，平底；外壁施灰白釉，釉不及底，肩、腹部饰褐彩弦纹。

白釉黑彩草叶纹小口瓶

元代

三级文物

高 18.5 厘米，口径 3 厘米，底径 7.5 厘米

1989 年今中卫市沙坡头区常乐镇白崖子采集

中卫博物馆收藏

小口，细颈，折肩，深直腹，平底；器身施白釉，颈、肩、腹、下腹分饰一圈双弦纹带，腹部饰黑彩草叶纹。

黄褐釉单耳短流瓷壶

———————

元代

高 8.5 厘米，口径 7 厘米，底径 5.5 厘米，腹径 8.7 厘米

2005 年征集

中宁县文物管理所收藏

直口圆唇，束颈，小溜肩，鼓腹，圈足。颈腹间置单耳，与耳垂直方向一侧颈部置短流。通体施黄褐釉，釉不及底。

三彩堆塑龙纹瓶

———————

元代

二级文物

高 41.5 厘米，口径 9 厘米，底径 12 厘米

1988 年征集

中卫博物馆收藏

口微喇，细长颈，球腹，平底；颈部贴塑一条盘旋的龙纹，龙身上又饰以花叶纹；器身施以黄、绿、黑三彩，颈部贴塑以黄、白色为主。

白釉双弦纹瓷碗

元代

三级文物

共 2 件。高 7 厘米，口径 15 厘米，底径 6.1 厘米

1990 年今中卫市沙坡头区镇罗镇照壁山铜矿遗址出土

中卫博物馆收藏

敞口，圆唇，斜弧腹，矮圈足；通体施白釉，釉色白中泛灰；碗两壁均饰以多道褐釉双弦纹装饰带。

酱釉瓷钵

元代

三级文物

高 22 厘米，口径 40 厘米，腹径 42.5 厘米，底径 12.5 厘米

1988 年征集

中宁县文物管理所收藏

敛口，窄斜沿，尖圆唇，弧腹，内圜底，外圈足。通体施酱釉，圈足不挂釉。

白釉瓷碗

元代

三级文物

共 3 件。高 7 厘米，口径 15 厘米，底径 6.1 厘米

1990 年今中卫市沙坡头区镇罗镇照壁山铜矿遗址出土

中卫博物馆收藏

三件形制大体相同。敞口微侈，圆唇，斜弧腹，圈足。通体施灰白釉，外壁施釉不及底。

青花梵文曲腹碗

明代

高 7.5 厘米，口径 17.4 厘米，足径 6.5 厘米

1984 年征集

海原县文物管理所收藏

敞口，圆唇，曲腹，圈足。内口沿饰一周细弦纹，外壁饰四周变体梵文。色泽淡雅。腹部有 7 道裂纹。

青花团花曲腹碗

明代

高 7.7 厘米，口径 18 厘米，底径 7 厘米

1987 年郑河清捐赠

中卫博物馆收藏

瓷质。敞口细沿，折腹，圈足；白釉青花，内壁口沿及碗心分饰双道细弦纹，碗心弧线内饰青花箭形纹，外壁饰团花纹间以波折纹。

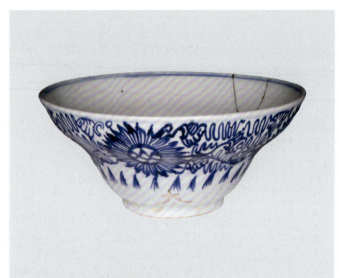

青花花卉纹瓷碗

明代

三级文物

高 10 厘米，口径 26.7 厘米，底径 10 厘米

1988 年征集

中卫博物馆收藏

敞口，圆唇，斜弧腹，假圈足底，器身布满细密的冰裂纹；白地青花，口沿部饰一周青花菱形纹，碗底及外壁分饰青花花卉纹；器底有"高"字印迹，腹部有裂纹。

白釉花瓣纹酒盅

明代

高 3.8 厘米，口径 5.3 厘米，底径 1.8 厘米

1984 年征集

海原县文物管理所收藏

敞口，微侈，圆唇，深弧腹，矮圈足。内壁施绿釉，外壁为相连的莲花瓣纹。

青花梵文瓷碗

明代

三级文物

高 8 厘米，口径 18.3 厘米，底径 7 厘米

1987 年郑河清捐赠

中卫博物馆收藏

敞口，曲腹，矮圈足；白釉青花，口沿内外壁饰双道细弦纹，外壁饰五周青花梵文。胎体薄，釉色清亮，青花色泽淡雅。

蓝釉青花花篮纹盘

明代

高 3 厘米，口径 20.3 厘米，底径 11.3 厘米

1987 年郑河清捐赠

中卫博物馆收藏

敞口折沿，浅弧腹，矮圈足；宽折沿施蓝釉，间以白地青花花草纹装饰，盘腹施白地青花花篮纹。

青花梵文寿字盘

明代

高 5 厘米，口径 15.4 厘米，底径 10 厘米

1987 年郑河清捐赠

中卫博物馆收藏

敞口，圆唇，浅弧腹，平底，矮圈足；白地青花装饰，盘沿两圈梵文装饰，盘心一个梵文寿字，寓意万寿无疆。釉色光润洁白。

青花梵文团寿纹盘

明代

高 5 厘米，口径 25.5 厘米，底径 15.5 厘米

2012 年征集

中卫博物馆收藏

敞口，圆唇，浅弧腹，平底，矮圈足；盘心饰团花寿字纹，盘心外饰三周变体梵文。青花色泽淡雅。

粉彩花口书页纹盘

明代

三级文物

高 2.7 厘米，口径 24 厘米

1997 年征集

中卫博物馆收藏

葵花敞口，浅弧腹，平底，矮圈足；通体施灰白釉，釉面现细密的冰裂纹；盘内饰写满诗文、画卷的粉彩书页形纹饰。口沿有缺损。

"成化年制"款五彩四喜花蝶纹盘

明代

三级文物

高 3.9 厘米，口径 24.2 厘米，底径 15.1 厘米

1984 年征集

中卫博物馆收藏

敞口，浅曲腹，矮圈足；盘心饰五彩团花纹，以盘心为中心，外饰三周五彩缠枝花卉纹，又以四喜纹和蝶纹装饰其间；底足落"成化年制"款。

"成化年纪"豆青青花山水人物盘

明代

三级文物

高 5.7 厘米，口径 29.5 厘米，底径 15.2 厘米

1986 年征集

中卫博物馆收藏

菱花口，宽折沿，浅弧腹，矮圈足；口沿分饰四朵青花折枝花果纹，盘底是一幅雅致的青花故事图，远方青山黛黛，人物泛舟湖中，近处树木村舍人物静立。器底留"成化年纪"款。

黑釉弦纹瓷碗

明代

三级文物

高 13.5 厘米，口径 21 厘米，底径 10.2 厘米

1984 年狄生顺捐赠

中卫博物馆收藏

直口圆唇，斜弧腹，矮圈足；器身饰多道暗弦纹；通体施黑釉，釉色黑亮润泽。

黑釉宽带纹瓷罐

明代

三级文物

高 26 厘米，口径 11 厘米，腹径 20.7 厘米，底径 12 厘米

1996 年征集

中卫博物馆收藏

直口，圆唇，丰肩，深弧腹，平底微外撇；内外壁通施黑釉，口沿部露胎，器腹中部套色褐釉宽带纹装饰，宽带中部饰三道弦纹。

黑褐釉单耳四系壶

明代

三级文物

高 28 厘米，口径 11 厘米，底径 15.2 厘米

1988 年征集

中卫博物馆收藏

壶身呈鸭梨形，敛口圆唇，斜肩，圆鼓腹，圈足；肩部置对称四系，并在一侧置绶带耳，对应的一侧置流；器身肩部以上施黑釉，腹部施褐釉，釉不及底；肩腹两釉色以连弧纹相接。

五彩贴塑花卉动物纹开光人物故事瓶

明代

二级文物

高 35.5 厘米，口径 17 厘米，底径 13.5 厘米

1988 年征集

中卫博物馆收藏

葵口外翻，长束颈，斜肩，深腹微弧，平底，颈部贴塑对称螭耳；口沿施绿彩，器身肩部一周及颈、腹两侧饰五彩缠枝花卉纹，颈、腹中部分别以褐色方框形成开光人物图，颈肩部堆塑动物纹。

窑变釉天球瓶

明代

二级文物

高 40 厘米，口径 8 厘米，底径 14 厘米

1985 年征集

中卫博物馆收藏

直口，长直颈，球腹，圈足；通体施宝石红釉，釉面从口沿部向下渐显出淡紫色和浅白色，红、紫、浅白三色相互交融，尽显绚丽多变的色彩，釉色莹润，器形优雅圆润。

五彩描金瓜果人物纹粉盒

清代

高 5.7 厘米，口径 8.5 厘米，底径 6.1 厘米

1984 年征集

中卫博物馆收藏

盒盖呈圆拱形，子母口，盒身微呈半圆形，弧腹，矮圈足；盖体以描金手法饰细弦纹一道，将盖身分隔为上下两区，上区圆拱顶饰白底五彩人物游戏图，下区盖沿部饰一周果蔬纹；盒身通饰花果纹，间饰喜字纹。

景泰蓝柿形粉饼盒

清代

高 6 厘米，直径 7.6 厘米，底 3.3 厘米

2005 年征集

中宁县文物管理所收藏

由盒与盖组成，呈六棱柿子形。铜胎上填满蓝釉，在六个弧棱面上分饰折枝花卉纹。色泽浓艳，器形美观。

青花卷草钱纹六方瓶

清代

高 13.9 厘米，盖径 4.8 厘米，口径 4 厘米，腹径 10.7 厘米，底径 10.9 厘米

1986 年征集

中卫博物馆收藏

器身呈六棱柱体，小直口，平沿盖，平折肩，直腹，平底。通体施白釉，满饰青花。盖以一周波折纹环绕"双喜"，肩部饰满缠枝莲纹，腹部六面纹饰相同，均在长方形边框内，以青花作地，以留白勾勒出卷草钱纹图案。

青花八卦纹鼻烟壶

清代

高 5.3 厘米，宽 3.3 厘米，厚 2 厘米

1998 年收缴

中卫博物馆收藏

器身呈扁方形，小口，圆角方唇，短颈，圆角方形腹身，长方形足。下沿、足边饰青花边框，器腹正、背两面均饰青花八卦纹，侧边饰文字装饰。

青花冰梅纹盖盒

清代

高 5.5 厘米，直径 8.3 厘米

1984 年征集

中卫博物馆收藏

器身呈圆柱形，圆盖，子母口，直腹，平底。器身以青花作地，留白处饰冰梅纹。

蓝釉白花花鸟纹盂

清代

三级文物

高 31 厘米，口径 21.6 厘米，底径 18.4 厘米

1987 年征集

中卫博物馆收藏

敞口方唇，粗长颈微束，腹微鼓，覆钵式高圈足；内壁施白釉，外壁蓝釉地上以白色簇花花鸟纹装饰，蓝色艳丽，白花素雅，形成鲜明对比。

青釉瓷盘

清代

三级文物

高 1.5 厘米，口径 14 厘米，足径 8.4 厘米

1997 年征集

中卫博物馆收藏

敞口，圆唇，浅弧腹，矮圈足。通体施青釉，釉色不匀，底足留"桂"字款。

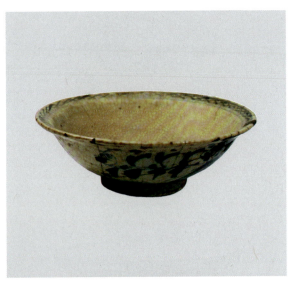

青花冰裂纹瓷碗

清代

高 7.3 厘米，口径 21.7 厘米，底径 8.7 厘米

1986 年征集

中卫博物馆收藏

敞口，圆唇，斜弧腹，圈足。器身施白釉，釉色偏黄，釉面布满细密的冰裂纹；器身口沿饰一周带状网格纹，外腹饰花卉纹。

青花折枝牡丹冰裂纹瓷碗

清代

高 10 厘米，口径 26 厘米，底径 10.5 厘米

2011 年征集

中卫博物馆收藏

敞口，折沿，圆唇，斜弧腹，圈足。通体施白釉，釉色偏灰白，现细密的冰裂纹，口沿饰一周青花边饰，外壁饰青花折枝牡丹纹。

"同治官窑"款粉彩四时花卉纹盅

清代

高 5.5 厘米，口径 10 厘米，底 4 厘米

2005 年征集

中宁县文物管理所收藏

敞口，圆唇，深弧腹，圈足。通体白釉，外壁饰粉彩四时花卉纹，圈足内"同治官窑"款。胎薄质坚，釉色洁白。

红彩"寿"字纹瓷碗

清代

口径 12 厘米，底径 5.8 厘米

2005 年征集

中宁县文物管理所收藏

口沿至腹部有一道弧形裂纹底沿磕损。敞口，圆唇，深弧腹，圈足。碗通体施白釉，内底饰红彩蝙蝠纹，外壁饰连续变体红彩寿字纹。

青花折枝花纹盖罐

清代

高 20 厘米，口径 12.5 厘米，底径 9 厘米

1984 年征集

海原县文物管理所收藏

罐身直口圆唇，溜肩，深弧腹，平底。肩部青花双弦纹带内饰一周缠枝纹，腹部双弦纹带内饰青花折枝花纹；盖为圆形宝珠顶高圆盖，饰青花纹饰。

五彩福寿纹喜字碟

———————————

清代

高 2 厘米，口径 13.4 厘米，底径 8 厘米

2005 年征集

中宁县文物管理所收藏

敞口，圆唇，浅弧腹，矮圈足。碟心饰寿桃纹，四
周环绕三组寿桃蝙蝠喜字纹，寓意福寿双全，喜事
多多。

青花缠枝花卉纹碟

———————————

清代

高 3.3 厘米，口径 16.2 厘米，底径 9 厘米

2005 年征集

中宁县文物管理所收藏

葵口，浅弧腹，圈足。内底饰青花团花纹，内壁
饰两周青花缠枝花卉纹。

青花花卉纹瓷盅

清代

高 5 厘米，口径 9.4 厘米，底径 4.5 厘米

2005 年征集

中宁县文物管理所收藏

敞口，折平沿，方圆唇，浅弧腹，覆碗式高圈足。
白釉青花，口沿内壁绘一周网状纹，内、外壁
绘花草纹。

五彩"江西同造"款池莲纹碟

清代

高 2.2 厘米，口径 13 厘米，底 8 厘米

2005 年征集

中宁县文物管理所收藏

敞口，圆唇，浅弧腹，矮圈足。碟心饰寿桃纹，
四周环绕四组池莲纹。

青花山水人物笔洗

清代

三级文物

高 8 厘米，长 21 厘米，宽 17.3 厘米

1986 年征集

中卫博物馆收藏

器身呈八棱形，八棱形口，平沿，八面形弧腹，平底，置四条形足，口沿、肩部及八个立面沿边均出棱。平沿上以青花为底，留白处饰花卉纹，口沿下双凸弦纹带内饰青花卷草纹，腹部八个立面分饰不同画面的山水人物画。

青花镂空夹层瓷盆

清代

三级文物

高 6 厘米，口长 23.7 厘米，口宽 16.7 厘米

1986 年征集

中卫博物馆收藏

器身呈长方形，直口，宽平沿，直壁，平底，置四乳钉足；四壁为夹层，内层实心，外层蜂窝状镂空。口沿饰一周青花缠枝花纹。

五彩博古纹瓶

———————————————

清代

高 27.7 厘米，口径 10 厘米，底径 7.5 厘米

1989 年征集

中卫博物馆收藏

喇叭口，长束颈，斜折肩，深弧腹，平底，上腹部置对称兽面衔环铺首；腹底、肩、外沿处分饰仰莲纹等边饰，颈、腹部饰博古纹。

五彩博古纹瓶

———————————————

清代

高 27.7 厘米，口径 10 厘米，底径 7.5 厘米

1989 年征集

中卫博物馆收藏

喇叭口，长束颈，斜折肩，深弧腹，平底，肩部置对称兽面衔环铺首；器身饰五彩博古纹，寓意高洁清雅。

青花缠枝灵芝蕉叶纹壁挂式花插

清代

高 17.2 厘米，口径 4.9 厘米，底径 5.7 厘米

1987 年征集

中卫博物馆收藏

壁挂式，三面立体，一面扁平，沿及耳部均有穿孔便于壁挂。半圆形敞口，长颈，置对称螭耳，小溜肩，深弧腹，扁圈足外撇；白釉地上满饰青花纹饰，口沿及肩部分饰一周如意云纹，颈部一周蕉叶纹，腹部满饰缠枝灵芝纹，下腹饰仰莲纹，圈足饰一周连续叶纹。

青花垂钓图瓷瓶

清代

高 22.5 厘米，口径 9 厘米，腹围 33 厘米，底径 7 厘米

1998 年征集

中卫博物馆收藏

喇叭口，长束颈，深弧腹，内凹式平底；施白釉，器身饰青花山水、楼阁、垂钓图。口沿有焗痕、器腹有裂纹。

绿地白花簇菊喜字瓶

清代

高 41.3 厘米，口径 19.3 厘米，底径 11.8 厘米

1989 年征集

中卫博物馆收藏

喇叭口，宽沿，长束颈，小溜肩，深弧腹，矮圈足；内施白釉，外施墨绿釉，肩腹部以白色弦纹带相隔，肩部饰一周簇花纹边饰，上托"双喜"，器腹饰满簇花菊纹。器型美观，釉色沉静淡雅。

哥釉贴塑蜥蜴纹花口瓶

清代

高 61.2 厘米，口径 20.5 厘米，底径 20.3 厘米

1980 年旧藏

海原县九彩乡九彩坪拱北收藏

敞口，宽撇沿，长束颈，深腹微弧，平底，颈部贴塑对称镂空双猴耳。通体施灰白色哥釉，以绿彩作饰。宽平沿上模印一周绿釉莲瓣纹，颈部一周弦纹，肩及腹底分饰两圈模印锦地开光暗花盘长纹，肩部装饰带内贴塑两对蜥蜴纹。釉面现细密的开片。足底"成化年制"款。

青花缠枝花草喜字纹瓷罐

清代

三级文物

高 21 厘米，口径 8.5 厘米，底径 17 厘米

1990 年征集

中卫博物馆收藏

敛口直沿，溜肩，深弧腹，平底；沿部露胎，罐身白地青花，以满布的缠枝花草纹衬托腹部的三个大双喜纹饰。

青花缠枝莲纹赏瓶

清代

二级文物

高 33.5 厘米，口径 10.4 厘米，腹径 26 厘米，底径 14.5 厘米

1985 年征集

中卫博物馆收藏

侈口，长颈，垂腹，圈足外撇；通体以青花纹饰，纹饰繁复，口沿绘海水波涛纹、灵芝云纹，颈部饰蕉叶纹，肩部绘折枝莲、如意纹，腹部主体满饰缠枝莲纹，近足处分别以变体莲瓣纹、缠枝花卉、海水纹等九层纹饰。器型线条流畅，纹饰疏密有致，活泼婉转。

乾隆款霁蓝釉天球瓶

清代

三级文物

高 26.3 厘米，口径 8.1 厘米，腹径 10 厘米，

底径 8.5 厘米

1986 年征集

中卫博物馆收藏

口微喇，细长颈，球腹，圈足；足底"大清乾隆
年制"篆字款；内壁白釉，外壁施蓝釉，釉色浓
重。造型美观大方。

《滕王阁序》瓷瓶

清代

三级文物

高 38.7 厘米，腹径 11 厘米，底长边 15 厘米，短边

11.5 厘米

1989 年征集

中卫博物馆收藏

瓶呈六棱形，侈口，平沿，长束颈，颈部置镂雕双耳，
鼓腹，方足微撇，底部出沿；器身满施蓝釉，以描金
手法饰楼阁诗文图，其一面绘制滕王阁图，其余五面
书写滕王阁序诗文。一耳残。

青花冰梅开光山水瓶

——————————

清代

三级文物

高 42 厘米，口径 18.4 厘米，底径 15 厘米

1986 年征集

中卫博物馆收藏

喇叭口，长束颈，小溜肩，深弧腹，平底；器身以青花作地，留白处饰冰梅纹，腹部菱花开光中绘制青花山水图。

青花雉鸡牡丹双耳瓶

——————————

清代

三级文物

高 42.2 厘米，口径 18.3 厘米，底径 13.5 厘米

1988 年征集

中卫博物馆收藏

喇叭口，长束颈，小溜肩，斜弧腹，平底，颈部贴塑镂雕双螭耳；器身白地青花，饰繁盛饱满的折枝牡丹，雉鸡游戏其间，寓意富贵吉祥，平安幸福。纹饰饱满，釉色淡雅，寓意美好。

霁红釉长颈瓶

清代

三级文物

高 40 厘米，口径 17 厘米，底径 15 厘米

1989 年征集

中卫博物馆收藏

喇叭口，长束颈，小溜肩，深弧腹，平底；
通体施霁红釉。

青花山水人物瓶

清代

三级文物

高 43 厘米，口径 17.5 厘米，底径 16
厘米

1989 年征集

中卫博物馆收藏

喇叭口，长束颈，小溜肩，深弧腹，平底；
器身满饰青花山水村舍人物图。

五彩寿老赏画人物纹双耳瓶

清代

三级文物

高 44 厘米，口径 17.3 厘米，底径 14 厘米

1988 年征集

中卫博物馆收藏

喇叭口，长束颈，小溜肩，深弧腹，平底，颈部
置对称镂雕螭耳；器身饰五彩寿老赏画图。画面
以简单的笔墨勾出椰树、花枝、草地、木栏等，
三童子擎画，一须发飘逸的老者欣然赏画。画面
疏朗淡雅，颇具生活气息。

五彩孔雀牡丹纹瓶

清代

三级文物

高 44.5 厘米，口径 17 厘米，底径 14.5 厘米

1988 年征集

中卫博物馆收藏

喇叭口，长束颈，小溜肩，深弧腹，平底；器身腹部
满饰繁盛的折枝牡丹纹，间饰孔雀纹，颈部留白处题
写诗文，寓意花开富贵，吉祥幸福。

粉彩花鸟纹双耳瓶

———————————————

清代

三级文物

高 43 厘米，口径 18 厘米，底径 14.5
厘米

1989 年征集

中卫博物馆收藏

喇叭口，长束颈，小溜肩，深弧腹，平底，
颈部置对称镂雕螭耳；器身饰粉彩折枝花
卉鹊上枝头图，寓意吉祥如意，喜事来临。
纹饰疏朗，釉色淡雅。

青花风景楼阁人物纹瓶

———————————————

清代

三级文物

高 43 厘米，口径 17 厘米，底径 15 厘米

1990 年征集

中卫博物馆收藏

喇叭口，长束颈，深弧腹，平底。施白釉，
器身满饰青花风景楼阁人物图。青花釉
色浓艳。

五彩博古纹瓶

清代

三级文物

高 57.7 厘米，口径 19.5 厘米，底径 15.2 厘米

1988 年征集

中卫博物馆收藏

喇叭口，长束颈，斜折肩，深弧腹，内凹式平底，颈肩处贴塑对称兽首衔环铺首；器身分别以缠枝花纹、锦地开光花卉纹、仰莲纹等边饰，颈、腹部分饰花卉、诗文和博古纹。

五彩博古纹瓶

清代

三级文物

高 57.7 厘米，口径 19.5 厘米，底径 15.2 厘米

1988 年征集

中卫博物馆收藏

喇叭口，长束颈，斜折肩，深弧腹，内凹式平底，颈肩处贴塑对称兽首衔环铺首；器身口沿、肩及腹底分饰缠枝纹、锦地开光花卉纹、仰莲纹等边饰，颈、腹部饰博古纹，纹饰古朴清雅。

青花山水人物瓶

————————————————

清代

三级文物

共 2 件。高 59 厘米，口径 21 厘米，底径 18 厘米

1990 年征集

中卫博物馆收藏

喇叭口，长束颈，小溜肩，深弧腹，内凹式平底；器身饰青花山水人物图。

五彩八宝纹瓶

————————————————

清代

三级文物

共 2 件。高 60.5 厘米，口径 21.5 厘米，底径 19.5 厘米

1989 年征集

中卫博物馆收藏

喇叭口，长束颈，深弧腹，平底；外沿、肩及腹底分饰云肩纹、勾连回纹、如意纹、变体仰莲纹等边饰，颈、腹部满饰五彩八宝纹。

五彩博古纹瓶

清代

三级文物

高 57 厘米，口径 20 厘米，底径 16 厘米

1990 年征集

中卫博物馆收藏

喇叭口，长束颈，斜折肩，深腹微弧，平底，颈肩部置对称兽面衔环铺首；白釉地五彩装饰，外沿、肩、下腹分饰勾连纹、菱格纹、仰莲纹等边饰，颈、腹部饰博古纹。

青花山水庭院瓶

清代

三级文物

高 59.3 厘米，口径 20 厘米，底径 16.5 厘米

1988 年征集

中卫博物馆收藏

喇叭口，长束颈，小溜肩，深弧腹，平底。器身白底青花，饰山水庭院风景图。釉色浓重，纹饰繁复，山水、树木、庭院完美地融为一体。

五彩仕女游春罐

清代

三级文物

高 26.8 厘米，口径 9.4 厘米，底径 13.6
厘米

1988 年征集

中卫博物馆收藏

敛口，圆肩，深弧腹，矮圈足；白釉地上
饰五彩仕女游春图，四位装扮各异的仕女
在春日湖边树下游玩，湖边垂柳拂面，迎
春花儿盛开，仕女吟诗奏乐，一幅情趣怡
然的游春画面跃然而出。

松鹤鹿纹双耳瓶

清代

三级文物

高 65.2 厘米，口径 25.5 厘米，底径 19.5 厘米

1988 年征集

中卫博物馆收藏

喇叭口，长束颈，深弧腹，矮圈足；颈部粘贴镂空龙
形耳；胎呈灰白色，内、外施青白釉，腹部两面分别
以青花、褐彩等色绘出松鹤纹和松鹿纹，寓意万古长
青，延年益寿。

影青釉瓷碗

清代

高 5.8 厘米，口径 12.2 厘米，底径 4.7
厘米

2011 年征集

中卫博物馆收藏

敞口，圆唇，深弧腹，圈足。通体施影青釉，
釉色莹润。

"江西余亦盛出品"款
粉彩折枝花卉纹碗

中华民国

高 6 厘米，口径 16 厘米，底径 6.5 厘米

2005 年征集

中宁县文物管理所收藏

敞口，圆唇，斜弧腹，圈足。通体白釉，
外壁饰粉彩折枝花卉纹，底足"江西余
亦盛出品"款。

红彩花卉纹碗

中华民国

高 6.5 厘米，口径 16 厘米，底径 6.2
厘米

1990 年今中卫市沙坡头区常乐镇李营村
南采集

中卫博物馆收藏

敞口，圆唇，弧腹，圈足。通体施白釉，
碗心及外壁饰红彩花卉纹装饰，足内印有
"姜姓私人印章"等字款。

青花山水纹双耳瓶

中华民国

高 62.5 厘米，口径 20.3 厘米，底径 19 厘米

1980 年旧藏

海原县九彩乡九彩坪拱北收藏

盘口，长束颈，小折肩，深腹，平底。口沿、颈、肩及
腹底分饰多条青花边饰带，颈、腹部以青花蝙蝠云纹带
为间隔，分饰两层青花山水纹主纹。双耳已残缺。

其 他

木梳篦

汉代

长 6.5 厘米，宽 5 厘米，厚 0.5 厘米

1991 年今中卫市沙坡头区宣和镇林场汉墓出土

中卫博物馆收藏

木质。梳篦栉身呈半椭圆形，栉背为半圆形，齿身为方形，栉齿排列整齐密集。部分栉齿已缺失。

彩绘曼荼罗

明代

直径 24 厘米，厚 0.1 厘米

2009 年发掘

中宁县文物管理所收藏

彩色绘制，局部残失。

《周氏源流家谱》

明代

二级文物

高 41 厘米，宽 28 厘米，厚 7.5 厘米

1964 年征集

中宁县文物管理所收藏

书皮稍有破损。

雕版印刷经书残页

明代

长 19 厘米，宽 18 厘米

2009 年发掘

中宁县文物管理所收藏

边缘部分破损，内容不完整。经书仅存两
摞残页，分属不同版本，残页纸张发黄
变脆，边缘残缺，从文字判断为雕版印刷，
有红、黑两种墨色。

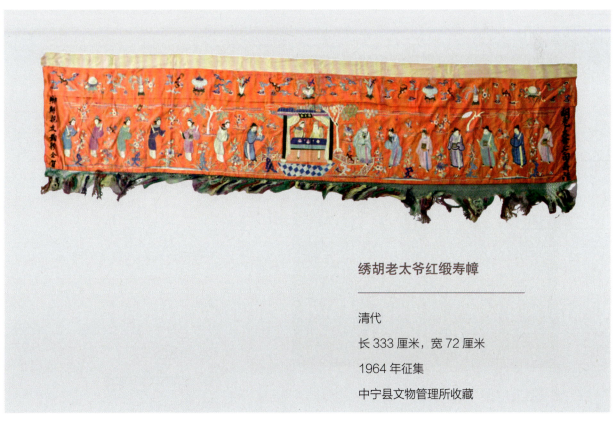

绣胡老太爷红缎寿幛

清代

长 333 厘米，宽 72 厘米

1964 年征集

中宁县文物管理所收藏

"五世同堂"青缎匾额

清代

长 200 厘米，宽 100 厘米

1964 年旧藏

中宁县文物管理所收藏

匾为青缎面，呈横长方形，中部自右至左书写令色楷体大字"五世同堂"四字，匾四边饰如意云纹边饰。

木雕镶嵌戏剧人物纹梳妆盒

清代

长 27.3 厘米，宽 24.3 厘米，厚 3.3 厘米

1984 年移交

海原县文物管理所收藏

梳妆盒部分缺失。

"光绪十一年"
富贵寿考图

清代
长 277 厘米，宽 106 厘米
1986 年征集
中卫博物馆收藏

嘉庆《佛说三级九阙莲宗报恩经》经书

清代

三级文物

长 26 厘米，宽 9.8 厘米

1995 年旧藏

高庙保安寺收藏

光绪《叹世无为经》经书

清代

三级文物

长 38.5 厘米，宽 13 厘米，厚 3 厘米

1995 年旧藏

高庙保安寺收藏

"蒋委员长蒋夫人宋美龄"像

中华民国

直径 5.5 厘米，厚 0.5 厘米

1964 年征集

中宁县文物管理所收藏

像为蒋委员长与夫人宋美龄半身合照，被镶在椭圆形乌木玻璃镜框中。相框浮雕多种图案装饰，古色古香。

"新国平安五福" 画木雕版

中华人民共和国
长 33.5 厘米，宽 19.5 厘米，厚 1.6 厘米
1976 年旧藏
高庙保安寺收藏
版画表面有脱落。

门神敬德画木雕版

中华人民共和国
长 33.5 厘米，宽 20 厘米，厚 1.6 厘米
1976 年旧藏
高庙保安寺收藏

孟长有烈士遗像

中华民国

长 51 厘米，宽 25.5 厘米

1983 年原中卫县文化馆移交

中卫博物馆收藏

为革命烈士孟长有学生时期遗存的珍贵照片，1983 年原中卫县文化馆移交。孟长有 1916 年出生于中卫县柔远堡孟家庄，学生时期积极参加进步活动，1938 年入党，1940 年由延安返回宁夏进行革命活动，1940 年被俘，1941 年牺牲。

孟长有烈士合影（翻拍）

中华民国

长 51 厘米，宽 33.2 厘米

1983 年原中卫县文化馆移交

中卫博物馆收藏

原照摄于 1938 年孟长有烈士和老师尚建庵及他的同学合影。

孟长有"光荣烈士"木匾

中华人民共和国

长 100 厘米，宽 46 厘米，厚 3.5 厘米

2012 年捐赠

中卫博物馆收藏

木匾呈长方形，正面自右至左楷体墨书"光荣烈士"四字，其上书"献给"两字，剩余字迹模糊不清。该匾为原中卫县人民政府 1953 年颁发给孟长有烈士家属，2012 年其家属捐献给中卫博物馆。

"中国人民保卫世界和平委员会海原县分会"印章

中华人民共和国

三级文物

高 7.3 厘米，直径 4.0 厘米，纽径 3.2 厘米

1965 年旧藏

海原县档案局收藏

木质，为专用章。章身前端半圆球形，中部束腰形柄柱，后端为扁圆形钮。印章面为圆形，宽边，中部凿刻五角星，上方自右至左环形排列朱文繁体宋体专用章名称"中国人民保卫世界和平委员会"，正下方为自右至左排列繁体宋体部门名称"海原县分会"五字。

"海原县中苏友好协会"印章

中华人民共和国

三级文物

高 6.9 厘米，直径 4.0 厘米，纽径 2.7 厘米

1960 年旧藏

海原县档案局收藏

中苏友好协会于 1949 年 10 月 5 日成立于北京，并在全国各地成立分会，是新中国与苏联关系史中一个重要组成部分。伴随着中苏关系从友好、分歧、恶化、分裂到恢复正常化的全过程，中苏友好协会经过数次调整，逐渐从一个会员人数庞大、组织严密的群众组织演变为政府外交的辅助性机构，最终在苏联解体的历史转变中走完了它的历程。这枚分会印章即是这段历史的见证。印章为木质，半圆球形章身，束腰式柄柱，长乳丁状钮。章面圆形，宽平边，中部凿刻图案，上部自右至左环形排列朱文简化宋体印章名称"海原县中苏友好协会"。

"海原县知识青年上山下乡工作领导小组办公室"印章

中华人民共和国

三级文物

高 7.0 厘米，直径 4.2 厘米，纽径 3.9 厘米

1976 年旧藏

海原县档案局收藏

木质，为专用章。章身前端半圆球形，中部束腰形柄柱，后端为扁圆形钮。印章面为圆形，宽边，中部凿刻五角星，上方自左至右环形排列朱文简化宋体专用章名称"海原县知识青年上山下乡工作领导小组"，正下方为自左至右大号宋体部门名称"办公室"三字。

后记

历时四年辛勤结晶的成果《中卫文物藏珍——中卫市第一次全国可移动文物普查成果》，包含了中卫市沙坡头区、中宁县、海原县境内大量的国有文物精品，涉及中卫地区史前和各个历史时期生产、生活、政治、军事、经济、文化、民族、科技、宗教、教育等方方面面。本书作为第一次全国可移动文物普查成果在自治区文博界率先出版发行，不仅是对中卫市国有可移动文物的全面梳理汇总、据实记录呈现，更是下一步文物保护传承、活化利用的珍贵史料。

深厚的历史文化积淀虽值得我们骄傲和自豪，但历史文物内涵的深入挖掘研究之路却也漫长、曲折、艰辛。宽广博大的历史文化海洋，不是靠一两位专家学者就能耕耘出来的，需要的是全社会关注鼓励、支持参与，需要的是海纳百川、交流互通，需要的是共同努力、代代接续……"一花独放不是春，百花齐放春满园"。只有"百家争鸣，百花齐放"，我们才能走好家乡的文化复兴之路。我们衷心希望此书的出版发行能起到抛砖引玉的作用，能让更多人了解关注中卫历史文化遗产，能使更多的文化人士参与到历史文物内涵的挖掘研究、活化利用、宣传弘扬工作中来，共同创造一个开放、包容、交流、互促的良好文化生态，为走好新时代复兴之路发挥出更多更大的社会文化效益。

在《中卫文物藏珍——中卫市第一次全国可移动文物普查成果》编纂出版期间，

宁夏文旅厅（文物局）、文物考古研究所、文物保护中心，中卫市委宣传部、市旅游和文体广电局、中宁县文管所、海原县文管所的相关专家、领导和文博专业人员，以及出版社的编辑人员，都先后给予我们很多帮助和支持，尤其是马建军主任恳切的建议，考古所王晓阳、李昱龙、柴平平，银川市文物管理处李芳等同志的帮助以及高鹏常委的关注与支持，在此我们一并表示衷心感谢！

　　本书从初稿到终审多次修改补充完善，在体例、内容、表述、图片等方面，难免有疏漏和不足之处，尚望读者批评指正。

编　者

2023 年仲夏